Amar Saidi

Compréhension

Amar Saidi

Compréhension

Récit d'un homosexuel

Éditions Croix du Salut

Imprint

Cover image: www.ingimage.com

Publisher:
Éditions Croix du Salut
is a trademark of
Dodo Books Indian Ocean Ltd. and OmniScriptum S.R.L publishing group

120 High Road, East Finchley, London, N2 9ED, United Kingdom
Str. Armeneasca 28/1, office 1, Chisinau MD-2012, Republic of Moldova, Europe
Printed at: see last page
ISBN: 978-620-3-84579-2

COMPREHENSION

Mon enfant est homosexuel

« ***Celui qui est sodomite doit perdre les couilles, et s'il le fait une seconde fois, il doit perdre le membre, et s'il le fait une troisième fois, il doit être brulé.*** »

Coutume d'Orléans. 1260

Amar Saidi

2022.

A la mémoire de ces trois personnes qui me sont chères et que j'ai perdu récemment : ma nièce **Asia**, mon neveu **Sohaib** et ma sœur **haja Malika**. Nous pensons à eux éternellement.

Table de matière

Apporter un témoignage.

La question de l'orientation sexuelle est très complexe. L'homme est libre de ses choix et de ses actes. Certains vont jusqu'à dire que les homosexuels ne peuvent être musulmans, qu'ils sont des apostats. Des prêcheurs moqueurs affirment même qu'ils sont fortement malades, devant subir des soins, suivre des thérapies mais sans mentionner la pédophilie, l'inceste, la zoophilie, la nécrophilie et d'autres pratiques criminelles liés à la sexualité. L'Islam n'excommunie jamais ses enfants pour cause d'homosexualité[1]. Aucun péché ne fait sortir un croyant de l'islam, contrairement à « la doctrine des Caïd » relative aux dispositions hétérodoxes anciens et nouveaux, visions extrémistes qui, à la moindre faute, excommunient le musulman pécheur. Dans les années 70, je fus choqué lors du mariage de mon voisin. Il fut poussé de force par ses proches à entrer dans la chambre et rejoindre son épouse. Il refusait de le faire car il n'était pas attiré par les femmes et ce n'est que bien plus tard que j'ai compris. Dans les pays de confession musulmane, cette situation a toujours été un sujet tabou. Une fois adulte, le jeune homme ou la jeune femme doivent être comme tout le monde, afin d'honorer leurs familles.

Dans cet ouvrage, nous allons montrer comment crainte et méconnaissance nourrissent, encore de nos jours, les réactions parfois violentes de parents confrontés au *coming out* d'un de leurs enfants. Ces parents, que nous accueillons dans le cadre de notre sacerdoce, ne voyaient pas leur enfant « comme cela », ils en avaient une vision exaltée. Dans les manuels scolaires, dans les lieux de culte, dans la vie familiale, personne ne parle d'homosexualité. Le sujet demeure tabou. Quant aux médias, lorsqu'ils s'en emparent pour en faire un sujet de débat, c'est pour divulguer clichés et idées reçues.

---

[1] J'insiste sur l'image coranique qui structure l'imaginaire des musulmans du Moyen Âge parce qu'elle révèle influences des différentes complexités culturelles qui expliquent, peut-être, le décalage entre la rigueur de la loi et la modération dans son application. Car elle est rigoureuse, cette loi. En effet, la doctrine juridique est venue préciser en les aggravant les prescriptions coraniques, sur la foi de plusieurs traditions prophétiques mentionnant que le sodomite, qu'il soit actif ou passif (*al-fā*ᶜ*il wa-l-maf*ᶜ *ūl bi-hi*), doit être mis à mort à l'instar du fornicateur, c'est-à-dire par lapidation. Des traditions non prophétiques font état de divers autres procédés qui auraient été mis en œuvre par **ᶜAlī**, **Abū Bakr** et les premiers califes : précipiter le condamné la tête la première du haut d'un minaret, l'ensevelir sous les débris d'un mur, l'immoler par le feu. Ce type de lecture on les trouve également dans les anciens textes bibliques. Mais, les hommes en Islam que ce soit en moyen âge ou aujourd'hui ont imposé une doctrine influée par des coutumes ancestrales.

La fin du XXIème siècle fait apparaître l'expression « homosexualité », terme issu de l'allemand, ainsi que la problématisation de la vision de la « sexualité ». Un nouveau discours aborde l'image de l'« homosexuel » et le concept « d'orientation sexuelle », fruit du vécu de l'individu ou de la génétique suivant les auteurs. Il prend une hauteur existentielle et psychologique, déterminant la personnalité de l'individu et regardé comme pacifique (la bisexualité étant peu considérée). Cette étude est enrichie par **Michel Foucault** dans son *Histoire de la sexualité* (1976-1984). De nos jours, il existe quelque 67 pays criminalisent encore l'homosexualité, parmi lesquels 11 prévoient la peine de mort.

Durant la coupe du monde 2022 au Qatar, une polémique a vu le jour concernant le port du brassard pour lutter contre l'homophobie. Question sensible dans un pays où l'homosexualité est strictement interdite et sanctionnée de sept ans de prison. Si des supporters levaient des drapeaux arc-en-ciel, symbole de la pluralité sexuelle, ils pourraient être confisqués. Durant ces vingt ou trente dernières années, il est devenu logique de parler de l'homosexualité comme d'un style de vie parmi tant d'autres. Mais, selon les lois religieuses des trois grandes religions (judaïsme, christianisme et islam), ce « mode de vie » est désapprouvé. Et la nouvelle vision voulant que l'homosexualité soit apparemment programmée génétiquement est également contestée par les grandes religions. Le Coran énonce explicitement que le peuple de Sodome fut le premier à pratiquer la sodomie. Le peuple de Sodome avait fini par trouver comme tout à fait plausible sa façon de vivre. Néanmoins, au XIXème siècle, il y a tant de mal et de vices autour de nous que nous sommes désormais incapables d'en déterminer le degré de gravité. Le Coran nous propose son enseignement : *« O vous qui avez cru, qu'un groupe (lâ yaskhar) ne se raille pas d'un autre groupe. Ceux-ci sont peut-être meilleurs qu'eux. »* (Coran, 49 :11).

Ce verset met en garde les gens qui se moquent des autres par rapport à leur façon d'être. Regarder les autres de haut et se moquer d'eux est rattaché à la fierté et à l'arrogance. L'Islam ne tolère pas ce type d'égoïsme et demande fermement aux croyants de rester éloignés d'un tel comportement.

Selon les commentateurs du Coran[2], le vocable *sakhara* est souvent traduit par "se moquer" et qui signifie verbaliser les défauts des autres ou dire quelque chose de dégradant et d'humiliant à quelqu'un. Cela peut être verbal, sous la forme d'une information subtile ou encore d'une imitation, le but étant de ridiculiser et de faire rire les autres aux dépends de cette personne. Dans les traditions prophétiques, il n'existe aucun signe que le prophète en question était homophobe, jugeant les gens selon leurs orientations. Le prophète de l'Islam Mohamed avait un sens de l'humour développé, joyeux et optimiste. Ceux qui l'ont côtoyé le décrivent comme étant quelqu'un de sympathique, qui impose le respect et la bienveillance : *« Offrez-leur de la nourriture et saluez les personnes que vous connaissez ainsi que celles que vous ne connaissez pas ». (*Rapporté par **Muslim** 2626*) ; « Ne vous haïssez point, ne vous enviez pas les uns les autres, et soyez frères. »*

Le choix des mots est ici capital. Nombreuses sont les personnes qui n'appartiennent à aucune religion et qui rejettent l'homosexualité. Certaines deviennent homophobes, notamment dans le monde du sport, du travail, du culte, de la culture et de la politique en introduisant un argumentaire homophobe. Ce propos est devenu une cause internationale et un sujet à la mode.

Mais, à qui et à quoi faire référence quand on parle d'*homosexualité* dans une perspective ethnographique ou communautaire et transnationale ? Doit-on chercher à déterminer une homosexualité *d'une confession musulmane* ou à décrire des homosexualités *chez les musulmans*, qu'elles soient placées en opposition, en comparaison ou en dualisme avec les cultures homosexuelles occidentales ? En somme, comment bâtir une ethnographie de l'homosexualité dite musulmane ? Le Coran réprouve les actes homosexuels, il n'approuve pas l'homophobie, l'exclusion de l'autre et la haine des homosexuels. Les musulmans doivent respecter les personnes dans leurs différences. Cette exclusion contre ces pratiques n'est-elle pas présente dans les pays autres que l'Islam, notamment en Inde, en Chine, en Ouganda et dans la plupart des cultures ?

[2] Ibn Jarir Al-Tabary, Tafsîr At-Tabari : L'exégèse du Saint Coran de l'Imam Ibn Jarir Al-Tabary, Egypte, 2009.

L'internationalisation de la question homosexuelle s'accompagnent d'une redéfinition quelquefois réductrice, mêlant des identités homosexuelles et des formes qui nécessite de prendre en considération la revendication communautaire.
En revanche, pour des raisons sociales, historiques et culturelles, les homosexuels des sociétés occidentales et maghrébines n'envisagent pas toujours de la même manière les rapports d'ordre affectif et sexuel entre hommes. De nos jours, les sociétés qui pénalisent ou qui blâment les homosexuels manquent de communication avec ces derniers. A cette question si complexe, entant que théologien et chercheur, mon devoir moral est de m'y m'intéresser. Quand on est souvent interpellé sur ces questions sociétales, on ne peut rejeter un tel face à face.

Je comprends que certains vont trouver ce sujet amer car certes reste polémique. Face **à** cette préoccupation d'une famille d'enfant homosexuel, on a tendance soit à lui accorder une attention sévère et à se laisser emporter par les discours extrémistes, soit à l'exclure brutalement. L'attitude juste se situe sans doute au croisement de ces deux extrêmes : il faut savoir accorder à notre enfant un temps pour l'écouter humainement.
Cette œuvre a été élaborée en vue d'apporter un témoignage, une aide aux familles dans le désarroi, de fournir des informations utiles à la recherche universitaire en matière de sciences des religions, d'anthropologie etc. Le Coran comme les autres livres qui lui ont précédé[3] se montrant réprouver Liaisons homosexuelles, sans en faire pour autant un thème majeur, la seule citation presque catégorique se trouvant dans les traditions prophétiques interdisant la sodomie des hommes et des femmes[3]. Ce livre n'est en rien un traitement exhaustif de la problématique, ni des changements au sein de l'Islam, ni une position officielle. Beaucoup de propos sont énoncés à propos de l'homosexualité, tantôt injustes, tantôt à raison. Ce livre tente de faire un petit bilan de ces « on dit » et potentiellement de les remanier. Ce travail expose mon opinion sur un sujet qui me touche et touche énormément de familles et sur lequel j'avais envie de travailler depuis longtemps. Durant

[3] Dans la Bible comme dans le Coran, il n'est pas explicitement fait mention de la sodomie telle qu'on la définit actuellement : les autres références au péché de Sodome dans la Bible et le Coran évoquent plutôt le manque au devoir d'hospitalité après que ses habitants eurent tenté de violer des anges de Dieu réfugiés chez Loth, le neveu d'Abraham. L'interprétation en termes de sodomie ou d'homosexualité commencerait à apparaître avec les apocalyptiques juives tardives et chez les juifs hellénisés au début du IIe siècle.

des années, avec mon expérience d'homme sur le terrain à l'écoute des gens, j'ai eu contact à maintes reprises avec des personnes homosexuelles de confession musulmane, des parents se posant des questions vis-à-vis de leurs enfants homosexuels, s'inquiétant énormément de leur avenir ou dans leur lien avec le Créateur. Pour me lancer dans une telle aventure et travailler sur cette question délicate, je ne devais, en aucun cas, critiquer, ni faire l'apologie pour un groupe social, mais plutôt communiquer et informer, inviter à la réflexion.

Avons-nous consacré assez de temps à écouter nos enfants ?

Il n'y a pas si longtemps, il était temps de prendre de bonnes résolutions : j'ai donné une bonne éducation religieuse à mon enfant, avec des valeurs familiales probantes, comment a-t-il pu choisir cette orientation sexuelle ?

Pourquoi mon garçon a choisi d'être avec un garçon ?

Pourquoi ma fille a choisi d'être avec une fille, alors que personne dans ma famille n'est homosexuel ?

Depuis la fin du confinement, de plus en plus de personnes se sont intéressées de prêt à la vie de leur enfant et avoue que celui-ci est leur priorité. Ils essayent de « *passer plus de temps en famille* ». C'est en tout cas ce que certifie une enquête internationale de l'institut Ipsos[4]. Une résolution qui a le goût amer de la frustration, puisque plus de deux Français sur trois avouent ne pas exploiter la vie de famille au maximum. Métro, boulot, dodo prennent le dessus, sans compter les corvées ménagères. Nombreux sont les Français pour qui le rythme est difficile à tenir. 59% des parents français déclarent n'accorder que deux heures ou moins par jour et par semaine à leurs enfants. Ceci est peu, d'autant que ce temps est absorbé par les repas et l'aide aux devoirs. Et nous ne sommes pas les seuls : le sentiment de ne pas être assez présent pour sa famille est éprouvé dans cinq autres pays européens. Enfin, l'enquête de l'institut IPSOS[5]montre que les Français trouvent leur bonheur aux côtés de leurs

[4] Le Nouvel Observateur *fr.wikipedia.org*. *https://www.nouvelobs.com/rue89/nosviesintimes/20180108.OBS0297/les-parents-francais-passent-ils-* [6] *IDEM* [5] *https://regions-france.org/actualites/actualites-nationales/sondage...*

proches. 81% des personnes interrogées déclarent que leurs "*moments préférés sont ceux qu'ils passent en famille*".

Dans le Coran, Dieu se nomme *as-samî',* l'entendant. Non seulement celui qui écoute ce que nous disons extérieurement mais, également, intérieurement. Il nous a envoyé un

Prophète avec cette belle qualité, l'écoute, mais qui manque à ce monde. Le Coran déclare : « *Et il en est parmi eux, ceux qui font du tort au Prophète et disent : Il est tout oreille (udhunu khayrin lakum : une oreille pour votre bien* (Coran 9- 61).
Dans ce passage, le Coran parle de la façon dont les hypocrites causaient du tort au Prophète de l'Islam. Affecter les autres peut parfois se faire à travers des actions et d'autres fois à travers des mots. Le Coran lui demande de répondre en disant que son écoute active est bonne pour eux. Les mots '*udhunu khayrin lakum*' peuvent être commenter de deux façons :

1. Une oreille qui est bonne, il écoute tout le monde, sans distinction culturelles et cela est bon pour vous. Cela fait référence à la révélation coranique, ainsi qu'à toutes les paroles bonnes et vertueuses. Ensuite, il vous les énonce ;

2. Être à l'écoute est une qualité du Prophète qui vous est bénéfique. Il vous écoutera, comprendra vos difficultés, acceptera vos excuses. Sa capacité à écouter activement lui permet d'avoir une meilleure relation avec vous. Alors, c'est bien pour vous qu'il soit tout ouïe.
Dans le Coran, des appels insistants peuvent être émis pour la justice sociale. Par exemple, quand le prophète de l'Islam était occupé à prêcher auprès de gens fortunés de la péninsule arabique, ne faisant pas attention à un pauvre malvoyant nommé **Ibn Umm**

Maktûm, venu le voir pour des conseils. Le Coran le blâma sévèrement pour son attitude (Coran 80/1-10). A travers ce texte, le Coran nous enseigne comment venir en aide aux personnes qui vivent des obstacles dans leur quotidien.
De nos jours, les personnes en situation d'handicap fréquentant les Mosquées de France sont rares. Lorsque nous écoutons ceux qui nous entourent, nous leur ouvrons notre esprit et notre cœur. Tout n'est pas non plus fait pour être écouté, mais il s'agit d'une capacité primordiale, afin de perfectionner les relations. Si le Prophète était tant aimé, c'était grâce à

ses interactions sincères avec les individus et l'écoute en constituait une grande partie. Les gens sont attirés par ceux qui les écoutent loyalement. Laissons également ce verset nous rappeler que les gens qui souhaitent dénigrer les autres peuvent se concentrer sur une qualité et la dépeindre négativement. Nous ne devons pas être abusé par ceux qui souhaitent propager la zizanie sur terre. Le Prophète nous apprend que le péché fait partie de la vie de tous les êtres humains et que personne n'est infaillible sur cette terre, excepté lui, le créateur suprême. Ainsi, il nous déclare dans une citation prophétique : *« Si vous ne commettiez pas de péchés, Dieu vous aurait fait disparaître et remplacés par un peuple qui commet des péchés. Ceci afin qu'ils implorent le pardon d'Allah, Exalté soit-Il »*[5]. Dès l'instant où l'éducation ne reforme que les relations des valeurs familiales, il n'est pas simple d'admettre, affirme **Freud**, « *que l'homosexualité soit une sexualité comme une autre. Les parents d'homosexuels, pour expliquer l'homosexualité, cherchent des causes, s'interrogent sur l'influence héréditaire possible d'un oncle homosexuel, d'une tante homosexuelle. L'homosexualité est inacceptable pour les idéaux du moi familial* ». Il défend le droit des homosexuels à mener leur vie sexuelle et amoureuse comme ils l'entendent mais il refuse d'y voir une maladie[6]. Il y a plus de cent ans, **Hirschfeld**[6] faisait la une des journaux du monde entier comme le « Einstein du sexe » en Allemagne. Durant l'été 1919, il a ouvert l'Institut Bâtisseur pour la Recherche Sexuelle au cœur de Berlin. Le gouvernement allemand lui avait attribué une villa pour héberger ses gigantesques archives.

Etant le premier à s'être rendu compte que la vie et la mort des lesbiennes et des homosexuels étaient des sujets tabous, il[7][8] a dirigé ce qui aurait pu être des enquêtes préliminaires et des statistiques sur le suicide homosexuel. Ses études s'inséraient « *dans un cadre plus large dans la lutte pour la décriminalisation de l'homosexualité* », a déclaré **H. Bauer**[9] historienne et professeur au **Birbeck College** de l'Université de Londres. De nos jours, l'homosexualité au singulier a été remplacée par des homosexualités. En effet,

---

[5] Il y a eu même des débats entre les courants les plus traditionalistes et les plus suivis par les salafistes. Il existe une divergence de vues sur la question de savoir si l'objet accèdera au paradis. Deux avis sont émis à ce sujet. Et je les ai entendus de **Cheikh al-Islam** (Puisse Allah lui accorder Sa miséricorde) les relater ». Voir al-Djawab al-Kafi, p. 115.

[6] *IDEM*

[7] L'Obs (intitulé au départ L'Observateur politique, économique et littéraire puis France-Observateur puis Le Nouvel Observateur — alors couramment surnommé « Le Nou... *fr.wikipedia.org.*
https://www.nouvelobs.com/rue89/nosviesintimes/20180108.OBS0297/lesparentsfrancais-passent-ils-

[8] [« Les archives de Hirschfeld : Violence, mort et culture queer moderne »]

l'homosexualité n'est pas un régime mais une substance de la sexualité humaine, équipée d'une variété de comportements changeant. C'est également une nouvelle représentation sociale de l'homosexuel, des homosexuels en tant que minorité ayant des droits, les mêmes droits que les autres. Cette situation est devenue, aujourd'hui, une question politique[3] car la démarche d'égalité se porte au niveau du bien-être et place en contradiction l'idéologie dominante.

Mais, il y a aussi une culpabilité que ressentent certaines personnes proches de personnes homosexuelles, qui peut être exagérée et mortifère. Elle peut être liée au simple fait d'être homosexuel, comme si cet état les rendait d'emblée indignes aux yeux de Dieu et aux yeux des autres. Un fidèle d'une Mosquée m'a envoyé une question qui a eu un effet déclencheur. Cette douleur ne demandait qu'à s'exprimer. Je ne l'aurais certainement pas cru si l'on m'avait dit, il y a dix ans, qu'un jour je rédigerai un ouvrage sur les parents s'inquiétant sur le plan religieux pour leur enfant de tendance homosexuelle[9]. Cet ouvrage appelle à la tolérance et à la lutte contre toutes les discriminations. Une personne de confession musulmane et homosexuelle m'a confié : « *il faut pouvoir crever l'abcès quand on se prend des reproches dans la figure. Parfois on ne peut pas répondre tout de suite parce qu'on ne comprend pas forcément soi-même pourquoi on a des préférences ou pourquoi on se sent moins bien aimé.*
Mais faut faire l'effort de réfléchir à tout ça et réussir à le communiquer à l'autre. Voir ce qu'il en dit. Et trouver des solutions pour faire comprendre à l'autre que Non. Ce n'est pas un manque d'amour. Mais un manque d'affinités. Et faut trouver des trucs pour que ça le fasse quand même ». Un beau jour, votre fils ou votre fille vous lance cette petite phrase à laquelle vous vous attendiez sans y croire : « *Je compte convier mon/ma compagnon/e* » ; « *Je suis homosexuel(le)* ». Après des années de silence, de souffrances et de mensonges, il (elle) choisit de ne plus cacher la nature de ses désirs et d'assumer sa différence. Pour un parent, cette révélation fait presque toujours l'effet d'un *boomerang*. Dans un couple, quelque chose de personnel est touché quand un homme ou une femme s'aperçoit que la « chair de sa chair » a une

[9] On l'aura compris, révéler **une** telle déclaration à sa famille nécessite une bonne dose de courage, de réflexion et de doigté.

orientation sexuelle différente de la sienne. Cela signifie que l'enfant né de leur union les quittera pour une vie autre que celle qu'ils ont établie, une vie sur laquelle ils ne pourront appliquer aucun modèle.

Le plaisir de l'un fait la souffrance de l'autre. Une famille traditionnelle est sensée être inséparable par un pacte, habituellement des alliances, chaque élément du système ayant une mission précise : assurer la succession avec des générations futures. S'en écarter est dangereux pour l'individu et la société qui l'accueille. Sous cette forme, la famille est le lieu de « l'hétérosexualité obligatoire ». Les parents sont considérés comme hétérosexuels et les enfants élevés pour le devenir. L''éventualité de l'homosexualité est occultée et lorsque celle-ci survient, les certitudes sont ébranlées.

Quelle sont les personnes qui nous aime le plus ? La réponse habituelle est nos parents ou, dans certains cas, nos grands-parents. Pourquoi ? Qu'est-ce que leur amour a de si extraordinaire pour que l'on se sente si aimé ? Vous l'aurez compris, nous parlons ici de l'amour inconditionnel.

L'élément clé fondamental réside dans l'incommunicabilité. Cette méthode d'aimer loyalement et sans condition ne cherche pas l'excellence, n'a pas d'attentes et pardonne les erreurs. Un amour basé sur l'admission et la tolérance. C'est pour cela que l'amour inconditionnel est capital pour nos enfants. Réfléchissons sur le sujet.

Une fois que l'enfant est en confiance et se sent aimé, il aura soif d'apprendre tout de ce monde et se liera aux autres sans peur car il sait qu'il existe un endroit sûr, où on prendra soin de lui, où on l'aimera. Un enfant qui se sent aimé fera un adulte avec une bonne considération de lui-même qui, très probablement, pourra créer des liens satisfaisants avec les autres.

Nous sommes sûrs d'aimer nos enfants inconditionnellement, mais le savent-ils ? Et à quel point ? Possédons-nous les qualités d'accepter leur homosexualité et de transmettre cette liberté d'une manière compatible ? Mais, parfois, nos enfants décèlent notre amour d'une façon inhabituelle. Il est, donc, important de savoir comment ils se sentent. Parents et membres d'une famille peuvent s'afficher au premier abord ouvert d'esprit, mais en les écoutant avec attention, que les entend-on dire ? « *À choisir on préférerait avoir un enfant normal, qui ne soit pas homosexuel* » ; « *Où est-ce que je me suis trompé ? » ; « À qui la faute* ? » Cet enfant déçoit la famille et devient une sorte d'étranger car il a brisé les habitudes et les tabous. Il est devenu le point de mire de la famille.

Quoi qu'il en soit, vous avez sûrement nombre de questions et de craintes : « *Pourquoi mon enfant est-il homosexuel alors que nous sommes de confession musulmane* ?» ; « *Comment peut-il/ elle avoir des relations avec une personne de même sexe, alors que personne de la famille n'en a* ? » ; « *Comment peutil/ elle être sûr de son choix* ? » ; « *Comment dire tout cela au reste de la famille* ?» ; « *Comment fera mon fils/ ma fille pour mener à bien sa vie amoureuse* ?» ; « *Comment l'aider à affronter le regard des autres ; l'homophobie dont il pourrait être l'objet* ?» ; « *Pourra-t-il fonder une famille* ?» Ce genre de tourmente secoue toute une famille, la laissant accablée, désespérée, sans force. Certaines familles sont tellement agitées qu'elles qualifient leur enfant Homo de malade, que "ça", "cette maladie", peut se soigner, qu'il s'agit d'un « passage », qu'elle fera tout pour l'aider. Dans la bible, ; « *Ne savez-vous pas que les injustes n'hériteront pas du royaume de Dieu ? Ne vous y trompez pas : ceux qui ont une conduite sexuelle immorale, les idolâtres les adultères, les hommes qui pratiquent l'homosexualité, les voleurs, les gens avides, les ivrognes, les insulteurs, et les extorqueurs n'hériteront pas du royaume de Dieu* » Corinthiens 6:9,10. Dans la légende du peuple de Sodome, le coran n'a pas souligné explicitement la moindre condamnation faite aux homosexuels[10]. Mais, dans la tradition prophétique, nous avons trouvé des citations pour lesquelles nous ne nous sommes pas informés du contexte historique : *« Quand vous trouvez quelqu'un en train de se livrer à la sodomie, tuez les deux personnes impliquées dans l'action » ; « Celui qui est sodomite doit perdre les couilles, et s'il le fait une seconde fois, il doit perdre le membre, et s'il le fait une troisième fois, il doit être brulé* » (Coutume d'Orléans 1260). Toute sa vie, **Anna Freud**[11] considérera l'homosexualité comme une maladie à guérir et elle s'opposera mordicus à l'idée que des homosexuels puissent devenir psychanalystes[12]. Elle serait même à l'origine de thérapies de conversion qui consistent, par exemple, à envoyer des décharges électriques aux patients ayant une érection sur des images d'hommes.

---

[10] Certains militants musulmans gays et lesbiennes modernes ne sont pas d'accord avec l'équation de cette histoire de viol avec les relations homosexuelles.

[11] **Anna Freud**, (1895 à Vienne - 1982 à Londres). Pionnière en psychanalyse de l'enfant, vécut ici de 1938 à 1982.

Pour quel motif les parents d'homosexuels ne pourraient-ils pas se rendre compte qu'ils sont rassurés de savoir leur enfant apaisé et complètement déchargé du secret, épanoui ?

Pour mieux approfondir ce sujet ardu, nous avons fait le choix d'élargir notre recherche avec des questions qui nous ont déjà été posées par nos fidèles et qui sont susceptibles d'être posé dans un future proche.

Quel pouvoir constitue la religion et la culture d'origine ?

Le moins qu'on puisse dire, l'homosexualité a longtemps été un sujet tabou. Au sein de milieux envoutés par la culture et surtout la morale musulmane, dans lesquelles les amours hétérosexuelles hors mariage sont problématiques et infectées de souillure, frappées de bannissement et fortement condamnées. Des affichettes de type « maladies psychologiques[12] » par les radicaux leur sont collées[13]. En outre, la situation est différente dans certains milieux musulmans. Si les adeptes ayant précédé le christianisme[4] ont placé la pédérastie[5] et la sodomie au nombre des péchés les plus graves, c'est un fait historiquement attesté par de très nombreux témoignages que jusqu'au dix-septième siècle au moins, la culture islamique classique[6] a toléré l'homosexualité, bien que les textes religieux la condamnent expressément.

Depuis longtemps, la recherche sur ce sujet se montre surtout préoccupée par ce que **Malek Chebel**[14] appelle l' « homosensualité[7]», de sorte que les travaux, ne quittent pas le domaine de l'histoire littéraire ou celui de l'anthropologie culturelle[8], quand ils ne se contentent pas d'une sélection de citations rajoutées. Par conséquent, l'essai d'**Ibrahim Mahmoud**, *Le plaisir défendu. La perversion sexuelle dans l'histoire des Arabes* (en arabe)[9], « subsiste-*t-il comme otage*

[12] **Élisabeth Roudinesco**, « Psychanalyse et homosexualité : réflexions sur le désir pervers, l'injure et la fonction paternelle », Cliniques méditerranéennes 1/2002 (no 65), p. 7-34.

[13] **Sarah Chiche**, Une histoire érotique de la psychanalyse, De la nourrice de Freud aux amants d'aujourd'hui, Paris, 2018, p.34.

d'une démarche textuelle qui, à partir d'éléments tirés des sources littéraires, vise moins à écrire l'histoire de l'homosexualité qu'à rassembler les preuves induisant l'existence, au sein des sociétés arabes et musulmanes, de pratiques sexuelles que la norme considère comme abjectes : sodomie, saphisme, pédérastie, zoophilie. »

Quant à *Islamic Homosexualities*[10], ouvrage collectif publié par **Stephen O. Murray** et **Will Roscoe**, il s'inscrit dans la mouvance des *gender studies* et n'aborde que marginalement l'Islam arabe médiéval à travers deux rapides études, l'une de **Louis Crompton** sur la position de l'islam andalou vis-à-vis de l'amour masculin[11], l'autre de **Murray** lui-même sur l'Égypte mamelouke[12], aucun des deux auteurs n'étant spécialiste de l'islam ou arabisant. Mais, il y a aussi les travaux **d'Abdallah Cheikh-moussa**, notamment « La négation d'Eros ou le ' *ishq* d'après deux *Épîtres d'al-Ǧāḥiẓ* », *Studia Islamica,* 72 (1990), p. 71- 119 » ; « Ǧāḥiẓ et les eunuques ou la confusion du Même et de l'Autre », *Arabica,* 29/2 (1982) ; *« Figures de l'échanson (sāqī) dans la* littérature *arabe médiévale* », colloque *Ganymède et l'échanson dans la littérature et les arts,* Université de Paris X-Nanterre, 18-20 mai 2006. L'interprétation erronée des passages coraniques, ainsi que les prêches et fatwas des religieux, blâment l'homosexualité sous toutes ses formes. Ce faisant, ils réunissent les interdictions et les condamnations du judaïsme et du christianisme : *« L'homme qui couche avec un homme comme on couche avec une femme, c'est une abomination qu'ils ont tous deux commises ; ils devront mourir, leur sang retombera sur eux* » (Lévitique, 20, 13). Il est aussi écrit : « *Tu ne coucheras pas avec un homme comme on couche avec une femme, c'est une abomination* » (Lévitique, 18, 22). Le passage du Coran ne condamne pas le peuple de Sodome pour son orientation sexuelle mais pour avoir violer et imposer leur orientation sur les autres : « *déchaîné contre le peuple de Loth un nuage de pierre* (La Lune, LIV), peuple qui a été anéanti, comme le précise le passage : « *Celles qui sont en rangs* » (XXXVII, 136). Mais il se trouve que des usages libéraux ont prévalu en terres d'islam, sans qu'on puisse pour autant empêcher des flambées d'intolérance de se manifester de temps à autre.

En 2001, dans le centre de Paris, je fus sollicité par une famille de confession musulmane et pratiquante. La maman, fort malade, m'a avoué que la raison de sa maladie était l'homosexualité de ses deux enfants, un garçon et une fille. Très gentils, ils étaient présents lors de cette rencontre. Ils me posèrent beaucoup de question sur la religion car cela les intéressait fortement. Au moment de la prière du coucher du soleil, ils voulurent absolument la partager avec moi en famille. Je ne sentis aucune différence parmi mes fidèles entre des homosexuels et les autres. Je ne comprends pas ce refus et cette homophobie qui ronge les gens.

Le problème n'est pas religieux ni dogmatique, mais plutôt idéologique. Avant de quitter la famille, les enfants ont serré très fort leur mère si accueillante et si aimante dans leurs bras, en lui faisant part de leur amour pour elle. J'entendis la maman faire des prières en leurs faveurs : « *qu'Allah vous préserve* ». De nos jours, des milliers d'enfants déshonorent et haïssent leurs parents, leur administrant des coups pour des questions matérielles ou autre. Quelle que soit la personne qui honore ses parents, elle deviendra un ange aux yeux de Dieu.

Est-ce qu'on peut naître homosexuel ?

La nature humaine, qui en son essence même est dépendante de la volonté divine, ne peut pas avoir une existence indépendante. Nous croyons au décret divin : "*Dieu n'impose à aucune âme une charge supérieure à sa capacité. Elle sera récompensée du bien qu'elle ait fait, punie du mal qu'elle aura fait.* ..." (*Coran 2/286*). Le Coran nous dit : « *Que personne ne portera le fardeau (la responsabilités) d'autrui* » (Coran 53/38). Cela signifie que l'homme ne sera pas tenu pour responsable du choix d'autrui qu'il n'aura pas lui-même fait. Le fardeau désigne ici le choix. Cela fait partie de la justice divine. L'homme refuse de faire porter à un innocent nouveau-né le choix que quelqu'un d'autre à fait. Aux yeux du Coran, l'enfant est le point fondamental de l'humanité. Tout enfant avant sa puberté est un ange aux yeux du Coran. Une fois l'enfant conçu, il a droit à la vie : « *Nous l'avons guidé dans le chemin, - qu'il soit reconnaissant ou ingrat* » (Coran ; 76/3). Le Coran affirme clairement que toute vie est sacrée. Nous avons envers les enfants de grandes responsabilités telles que mentionnées dans le Coran et les citations prophétiques. Pour les croyants, il est obligatoire d'élever les enfants de manière à en faire des personnes libres et leur faire sentir qu'ils sont des membres appréciés de la race humaine. Mais en aucun cas, le Coran n'aborde la question de l'origine biologique des désirs homosexuels. Toutefois, elle indique que nous naissons tous avec la tendance à faire le contraire de ce que Dieu demande.

Pourquoi la prière pour nos enfants est appréciable ?

Le Coran nous expose certains modèles de prières faites par des parents en faveur de leur enfants et épouses : « *Seigneur, donne-nous, en nos épouses et nos* descendants, *la joie des yeux, et* fais *de nous un guide pour les pieux* ».
(Coran ; 25-74).
Le Coran nous rappelle que la prière est primordiale en faveur de nos enfants et qu'un nombre de prophètes n'ont cessé de prier pour leurs enfants polythéistes, notamment le prophète **Noé**. Noé était un prophète et un leader, mais c'était aussi un père. Le cœur rempli de tristesse, il se tourna vers Dieu et dit : *« Seigneur ! Certes, mon fils fait partie de ma famille ! Ta promesse est vérité et Tu es le plus juste des juges. »* (Coran 11 :45).
En tant qu'êtres humains, nous utilisons tous des mots pour définir certaines douceurs envers nos proches, mais Dieu peut parfois leur donner un sens différent. Par exemple, le mot « prière » signifie, avant tout, implorer ou invoquer Dieu ; quand nous utilisons le mot « famille », nous pensons aux liens du sang. C'est pourquoi, **Noé** dans son invocation désigne que son fils faisait partie de sa famille.
Certes, la prière est un de ces moyens magiques qui consiste à élever nos enfants dans la foi, à leur enseigner les valeurs nobles et la bonne moralité, à être équitable aussi bien dans les sentiments que dans les biens qui leur sont offerts. Il faut aussi faire preuve de sagesse face à leurs erreurs, avec leurs manières de voir le monde. L'énervement, les préjugés entraînent généralement des répercussions négatives sur leur vie et peut les pousser à se venger par le biais de la désobéissance.
Nous vous conseillons donc d'utiliser ces moyens en espérant que Dieu vous accompagne dans votre démarche.
Enfin, les parents qui ont un enfant désobéissant doivent savoir qu'ils doivent faire preuve de patience et intensifier les invocations au profit de l'enfant, car elles sont exaucées. Dans une citation, le Prophète a déclaré : « *Trois invocations sont exaucées : l'invocation de l'opprimé, celle du voyageur et celle des parents en faveur de leurs enfants* ».

Un jour, il peut vous arriver de penser à une personne qui vous a encouragé dans votre foi et votre vie de prière. Et c'est ce que nous devons faire pour nos enfants : les aimer et leur donner une force intérieure pour renforcer leur carapace. La prière est vitale, essentielle, pour toute personne qui aspire à :

- **Gagner des batailles de cette vie haut la main et spirituellement parlant ;**
- **Accroître un lien profond et puissant avec cette force spirituelle.**

Pendant que vous prenez le temps de prier avec vos enfants, assurez-vous d'accorder également du temps à expliquer pourquoi nous prions. Pensez à un enfant de trois ans qui demande toujours : *« pourquoi », « pourquoi », « pourquoi »*. Il est profitable pour chacun de nous d'admettre pourquoi nous prions et ce que Dieu dit de la prière. La prière est notre façon de parler avec Lui. La prière est aussi un moment où nous L'écoutons. Dieu aime avoir un lien de proximité avec nous et nous pouvons nous attachés à lui par la prière. Dieu entend nos prières. Il peut ne pas y répondre, mais il les entend et est toujours avec nous plus que nous l'imaginons. Quel que soit le choix de leur orientation sexuelle, nous devons aider nos enfants à voir le fruit de leurs efforts, en valorisant leurs réussites au niveau des études, du sport, de leur orientation professionnelle. Nous profiterons, alors, des grands évènements (fêtes, anniversaires...) pour les assurer de notre amour. Dans les premiers moments, nous les accompagnerons dans ce processus, afin qu'ils apprennent à reconnaître l'exaucement de leurs projets par Dieu. Ils le remercieront et ces prières prendront la forme un cahier de souvenirs, afin que dans les périodes de découragement et de relâchement, ils se souviennent que Dieu est fidèle à ses bien aimés et qu'il tient toujours ses promesses. La religion avait-t-elle véritablement le pouvoir de régir la sexualité de ses ouailles, ou bien s'agit-il plutôt d'un pronostic social sous couleur de la religion ? Les juristes musulmans évitaient d'intervenir dans les pratiques sexuelles de leurs contemporains par empirisme. Ils considéraient que leur rôle n'était pas de décréter ce qui est bon ou mauvais car Dieu l'avait déjà institué dans le Coran. Ils se chargeront de démasquer, punir les désobéissants, à gérer et à réguler la société musulmane pour limiter les divisions.

Les familles de confession musulmane sont directement touchées par l'orientation sexuelle de leurs fils ou de leurs filles. Le monde d'aujourd'hui communique plus qu'auparavant. Les homosexuels ne se cachent plus comme avant. Avec leurs orientations, ces enfants tiennent

à rester dans la foi. J'ai toujours émis quelques réserves sur le développement de certains sujets tabous aux yeux des familles musulmanes, comme le respect des homosexuels, ne pas les juger ou les excommunier.
Chaque pays a sa propre culture, ses propres lois et sa manière d'évoluer. En Afrique, au Maghreb plus précisément ou le Moyen-Orient, des hommes et des femmes circulent librement dans les endroits publics en toute amitié, en se tenant la main, en se touchant librement les mains ou certaines parties du corps sans pour autant gêner personne. Mais, cela pourrait choquer l'européenne qui a une toute autre lecture de l'amitié.
Même si l'homosexualité est moralement réprouvée dans les livres sacrés, y compris le Coran, cette orientation ne la fait pas exclure de la foi. Aucun passage **muhkam** (explicite) dans le Coran, ni aucune tradition Prophétique authentique et formelle n'avance une quelconque sanction pénale à celui qui la pratique. Les pratiques de l'islam sont multiples, il n'y a pas que la sexualité qui compte. On ne peut pas rester figer sur ce sujet et oublier les crimes horribles qui peuvent être perpétrés, mais aussi la pédophilie, les agressions sexuelles, la corruption, les détournements de fonds, les fraudes relatives à l'impôt, le vol, le trafic de stupéfiants, les agressions sur la voie publique, la violence conjugale, le détournement de mineurs, les coups et blessures entraînant la mort, les passages à tabac des parents par leurs enfants pour une sombre histoire d'héritage et depuis l'avènement du Net, la **sextorsion** et *le* **hacking**. Rappelons-nous de cette citation du Prophète de l'Islam : « *Un chien qui était sur le point de mourir de soif tournait autour d'un point d'eau. C'est alors que l'une des prostituées du peuple des enfants d'Israël le vit, elle décida de prendre son chausson afin de le remplir d'eau puis elle l'abreuva.*
Allah lui pardonna ses péchés grâce à son geste ».
En France, 130.000 filles et 35.000 garçons sont victimes de viols et tentatives de viols. Une étude Ipsos[13] montre que les victimes ont 10 ans en moyenne : « *Totalement vulnérables, et à la merci de leur agresseur, ils se retrouvent souvent piégés dans leur propre famille* ».
Pour l'inceste, le constat est effrayant. Ces violences sexuelles subies par les enfants sont, dans plus d'un cas sur cinq (22%), des viols commis par des proches ou par un membre de la famille (49%)[14]. Dans 51% des cas et 57% pour un viol, l'agression se déroule en majorité dans le cadre familial (la maison des parents). Trois fois sur dix, les enfants savent que leur agresseur a déjà abusé de leur sœur, leur frère ou leur cousin[15]. Au Yémen, rappelons

l'histoire de cette enfant de 8 ans, enlevée de force de chez elle, séquestrée, violée et laisser sans nourriture. Il s'agit de **Noyoud**, mariée de force à un homme de 30 ans. Deux mois après avoir été mariée, elle obtint le divorce. Soulagée, elle n'aspirait qu'à retourner à l'école. Lors de son cauchemar, elle supplia sa famille de ne pas laisser faire cela. La loi yéménite interdit le mariage avant 15 ans et les relations sexuelles ne sont possibles que si la jeune fille est prête. Vivant un véritable calvaire avec son mari, elle s'enfuit et se réfugia dans un tribunal. Le père et le mari furent arrêtés mais ce dernier refusa catégoriquement de rendre sa liberté à la fillette. Selon une étude datant de 2006, 52,1 % des filles yéménites sont mariées avant leur majorité contre 6,7 % des garçons. Si la moyenne d'âge des mariés est en augmentation (14,7 ans pour les filles ; 21,5 pour les garçons), les filles continuent d'être mariées dès 8 ans dans certaines régions.

Le Parlement yéménite refuse toujours de reculer l'âge minimal du mariage, car ce n'est « *pas une priorité* ».

Il y a 14 siècles, le Coran condamna ces propos odieux, il les assimile au peuple de **Luth**. Connu depuis 8000 ans comme pervers et criminels, certaines traditions prophétiques (mal interprétées) les condamnent à la peine capitale. Les termes "pervers et criminels" sont-ils compatibles avec l'humanisme de l'Islam ? L'Islam est la religion de millions de gens et nous ne devons certainement pas nous justifier sur ces questions qui fâchent. Ceci n'est guère facile quand on est théologien et chercheur.

En grec, l'hypocrisie est le fait de parler « derrière ». L'hypocrite est celui qui a un masque, celui qui parle sous un masque, celui qui va parler tout en déguisant sa pensée réelle. **Olivier Babeau** estime que *« cet état d'esprit est entré en crise. Et alors qu'autrefois demeurait une espèce de génie de l'hypocrisie qui reposait sur une compréhension de la complexité, du chaos du monde, celle-ci semble vouée aux gémonies »*.

Mais aussi : *« Quand on parle d'hypocrisie, on qualifie un jugement moral sur des individus, avec un système très manichéen qui consiste à penser que mentir ce n'est pas bien et que dire la vérité c'est bien. On est dans l'ordre du jeu social, et l'erreur qu'on fait aujourd'hui c'est de croire qu'on a toujours existé pour être nous-mêmes, qu'il a toujours été question de vérité, ce qui est quelque chose qui tend à s'imposer aujourd'hui »*.

Les islamologues, les théologiens mais aussi les religieux dépensent une énergie phénoménale à focaliser leurs attentions sur ce qu'il y a de plus urgent pour eux, à savoir le rejet immédiat, inconditionnel, irrévocable et sincère de la pédophilie, l'antisémitisme, de la misogynie, l'environnement, de la violence terroriste etc.

Aujourd'hui, de nombreuses familles vivent avec ce tabou depuis des années. En effet, des imams, proférant des discours haineux, homophobes, leur ont ordonné d'exclure leur enfant de la famille, de l'excommunier de la communauté. Ces mêmes imams ne se sont rappelés que deux mots provenant du Coran : **diable** et **enfer**, alors que le saint Coran est composé de 6636 versets ressassant ces mêmes mots : « Dieu et l'être humain ». Ces mêmes imams (appelés également " prédicateurs fous ") ont créé un blocage dans la tête de ces parents désorientés, qui accorde vite leur confiance à tout ce qui est religieux. Le Shaykh **Yûsuf al-Qaradâwî**[16], référence théologique chez les frères musulmans sur le plan mondial, est l'auteur de nombreux ouvrages sur l'islam, dont certains sont traduits en français, comme : *Fatwas contemporaines, La place de la femme en islam, Le licite et l'illicite en islam.* Ce dernier livre fut interdit temporairement en France en 1995 par le ministre de l'intérieur de l'époque car l'auteur poussait un homme à « corriger » physiquement sa femme en cas de désobéissance (*nushûz*).

Certaines familles sont déphasées face à cette situation inquiétante. J"ai toujours pensé que la pire des souffrances pour des parents est de perdre son enfant, quel que soit l'âge ce dernier.

Un jour, j'assistais un couple ayant perdu subitement et accidentellement leurs trois adolescents et ce le même jour. Pouvons-nous nous mettre à leur place ? Mettons-nous à la place de ces parents, dont le fils unique a été lâchement assassiné en Belgique pour cause d'homosexualité. Or, un enfant homosexuel vit et garde toujours sa foi en Dieu. Le saint Coran nous invite à prier, afin d'accepter graduellement et avec le temps, ce que Dieu nous a destiné et nous expose la plainte du prophète **Job**. Job rappelle : « *Seigneur, la perte, le dommage m'ont touché et tu es le miséricordieux des miséricordieux* » (Coran 21/83). Inutile de condamner nos enfants homosexuels, de les exclure de la famille. Ils méritent notre amour tout autant que les autres, ainsi que nos invocations en leur faveur, plutôt que de continuelles stigmatisations. Le Coran nous rappelle l'histoire de Noé avec son fils rebelle. Celui-ci refusa et condamna la foi de son propre père, mais, en dépit des moqueries de son fils, le père garda toujours la position du père doux et sage, qui prie pour son fils en l'appelant « *yâ bunayya* » (ô fiston) ! Mais, nous sommes en France, pays d'égalité et qui interdit tout discours de haine, notamment les pensées homophobes. N'oublions pas l'enseignement du Coran : Dieu ne fait que tester ces êtres. Allah teste sa reconnaissance envers celui qui est en bonne santé envers lui, il le garde toujours en bonne santé, afin qu'il puisse toujours le glorifier. Il teste les malades, afin de voir s'ils abandonnent la lutte en disant : "*Dieu m'a oublié et me fait souffrir, je n'ai donc plus à le prier, j'abandonne*". Pour les enfants qui ont choisi l'homosexualité, les parents craignent les avoir laisser trop faire selon leurs envies, trop de liberté, sans transmission de valeurs. Telles sont ses épreuves qui nous attendent ici-bas et quoi que nous puissions ressentir, il y a toujours pire que nous. Dieu est juste et a choisis le meilleur destin pour nous. En France, pour la période contemporaine dans la religion musulmane, la question homosexuelle n'a suscité aucune étude socioreligieuse, excepté les condamnations et les sentences dans les œuvres moyenâgeuses. Ces travaux se sont davantage penchés sur les positions de l'institution religieuse sur la répression de l'homosexualité. Mais, certains textes coraniques ou prophétiques non contextualisés existent. Les paroles de certains hommes condamnent toute tentative de modernisation de l'islam. Pourquoi demandons-nous de jeter l'anathème ? Tant que le Coran demeure une lecture vide de tout humanisme, tant que les musulmans le regarderont comme immuable et indépassable, ils resteront les otages de barbares bloqués au septième siècle et qui auront, hélas, causé énormément de dégâts. Notre contribution se porte à l'effort d'ouverture que chacun pourrait faire pour mieux accueillir les personnes homosexuelles. Ainsi, ces dernières pourraient vivre leur foi d'une manière plus sereine et contribuer plus rentablement à leur cheminement spirituel au service de l'Islam. A travers ces histoires familiales extravagantes, des réponses, posées en tant que proche, amis ou parents, sont trouvées. Le vocable « séisme » est employé par quelques pour traduire la rage, l'annonce inattendue et le bouleversement de la famille. A l'occasion de son *coming out*, l'homosexuel vit une des souffrances majeures motivées par l'éventuel refus et l'effondrement de l'amour qu'il peut en découler. La question de la pédophilie et du trafic d'enfants sont également très présentes, des crimes innombrables faisant ravage dans les pays de l'Islam et dont les imams se focalisent sur l'homosexualité. Que pensent ces savants de l'Islam sur la sodomie violente et non consentante que subissent des femmes, pratiquée par de nombreux sunnites car autorisée par les courants chiites ? La connotation péjorative des insultes homosexuelles entre camarades d'école illustre le dégoût et la crainte à l'encontre de l'homosexualité.

L'« hétérocentrisme » canonique ne contribue-t-il pas à élever sa perception négative ? Peut-on penser à l'homosexualité sans opinions préconçues ? Est-il possible d'être musulman et homosexuel ? Dieu me punira-t-il car mon enfant a changé subitement d'orientation sexuelle ? Dans ma relation avec Dieu, l'homosexualité est-elle un obstacle ?

Accepter l'homosexualité de mon enfant va-t-il m'éloigner de Dieu ?

Que faisons-nous des textes canoniques qui condamne cet acte ? Devons-nous appliquer tout ce qui est cité dans le Coran ? Pourrai-je faire mes cinq piliers de l'Islam avec cette orientation ? Que faire si la communauté ou un imam condamne mon homosexualité ? L'histoire de la cité maudite du peuple de Loth (Sodome) citée dans les livres sacrés a-telle un lien avec l'amour entre deux personnes de même sexe ?

Nous constatons que cette implique des chances pour un contact authentique avec Dieu. Ce fascicule s'adresse en priorité à toute personne indifférente, celle possédant un sens de l'humain et de la responsabilité théologique, tout scientifique (chercheurs, théologiens, spécialistes, imams, mufti, universitaires...) et à tous ceux qui sont amenés à rencontrer des personnes qui leur dévoilent leur orientation. On s'efforcera donc d'aider ces musulmans à trouver -ou à retrouver- une bonne image d'eux-mêmes, un sens vrai de Dieu, une solidarité. Ce dépliant est une participation modeste à une réflexion intégrale qui se forme dans divers lieux de l'Islam. Il est organisé en questionnements transparents qui, nous l'espérons, devraient permettre aux familles de mieux appréhender la réalité trouble vécue par des personnes ayant une orientation homosexuelle. Se revendiquer fervent musulman et homosexuel peut paraitre une combinaison improbable. Pourtant, en France, nombre d'homosexuels ont reçu une éducation religieuse, familiale et/ou scolaire, et cultuelles dans le cadre des moquées. Ayant accepté les discours institutionnels de l'Islam, les gays et lesbiennes musulmanes vivent souvent dans la honte et la culpabilité. Comment un homosexuel musulman croyant gère-t-il la cohabitation de ces deux dimensions identitaires ? Chacune d'elle peut se vivre indépendamment ou avec d'autres. Une personne peut ainsi vivre son homosexualité dans un monde coupé du reste de ses activités ou bien, au contraire, l'officialiser dans son quotidien, dans une activité associative éventuelle, voire sur son lieu de travail. De même, un musulman[17] peut s'être fabriqué une religiosité individuelle, sans fréquenter ni lieu de culte ni communauté de croyants, ou bien en participant efficacement à la vie musulmane. J'accuse la jurisprudence musulmane bornée depuis le Xème siècle et qui refuse de se contextualiser. Avec le temps, cette jurisprudence nous a fait plus des dégâts qu'on ne l'imagine. Sans vouloir faire l'apologie de l'Eglise et ce en dépit de ses difficultés actuelles, l'Eglise de France condamne ces propres religieux de rester silencieux vis-à-vis de la pédophilie. Quel est le constat des ulemas vis-à-vis des milliers d'enfants de mosquées victimes de violences physiques et psychiques, sans parler des attouchements sexuels et autres actes pédophiles ? Au lieu de minimiser le fardeau de nos proches qui ont une orientation sexuelle différente, la culture arabe et non musulmane ancestrale a stigmatisé ces derniers. Si nous considérons jurisprudentiellement la sodomie comme péché majeur dangereux, que dire des violences conjugales, des violences contre leurs enfants, de la nuisance dans la société, du trafic d'enfants, des trafics d'organes, des assassinats, du terrorisme, des relations sexuelles avec mineurs et « relations avec les touristes » ? Nous entendons souvent certains répéter : *« au moins moi je ne suis pas comme ces homo »* !

Pour certains musulmans, l'homosexualité est l'unique péché à leurs yeux. Y a-t-il en Islam péché plus infâme que le mensonge, la calomnie, l'hypocrisie, le polythéisme *(shirk)*, la sorcellerie, les consultations en ligne, la maltraitance des parents, la pédophilie, la calomnie, *(Qadhf)*, la nuisance au voisinage, le meurtre, les trafics d'enfants et d'organes qualifiés par les textes sacrés comme destructeurs de la foi (*muhlikâtes*) ? Pourquoi se focaliser sur un seul péché sans faire l'effort de pousser plus loin la recherche sur l'étendue de la miséricorde du Créateur ? « *Certes, Allah ne pardonne pas qu'on Lui donne des associés. A part cela, Il pardonne à qui Il veut. Quiconque donne des associés à Allah s'égare, très loin dans l'égarement »*. (Coran ;4-116). Dans ces dernières paroles, le prophète de l'Islam a mis sa communauté en garde contre le fait de commettre le *shirk* «

L'associationnisme reste ce que je crains le plus pour vous » (Rapporté par **Ahmad**, n°23119). *« Dis : Ô Mes serviteurs qui avez commis des excès à votre propre détriment, ne désespérez pas de la miséricorde d'Allah. Car Allah pardonne tous les péchés. Oui, c'est Lui le pardonneur, le Très* Miséricordieux *»*. « *Et revenez repentant à votre Seigneur, et soumettez-vous à Lui, avant que ne vous vienne le châtiment et vous ne recevez alors aucun secours »* (Coran *: 53/54*). Le Coran nous enseigne

que le pire des crimes le plus châtié est l'hypocrisie et nous dit dans ce sens : *« seront, certes, au plus* bas fond *du Feu, et tu ne leur trouveras jamais de secoureur.* » (Coran 4/145). Portant, le jour du l'enterrement du chef de réseaux, des hypocrites comme **Ibnu salûl, le** prophète de l'Islam, a assisté à son enterrement en mettant comme preuve de pardon et de miséricorde, le Burnous sur son corps, sans ignorer le mal qu'a causé cette personne à l'islam et cela durant des années. Pourquoi ce discours Manichéen et hypocrite de la part des prétendants connaisseurs de l'Islam ?! *"Nous ne culpabilisons pas les homosexuels, mais nous ne pouvons pas donner une place à cette pratique au point qu'elle devienne un aspect de la société"*, renchérit **Dalil Boubakeur**, ex-recteur de la Grande Mosquée de Paris. Pour lui, cette mosquée ne saurait être reconnue. *"C'est quelque chose d'extracommunautaire"*, renchérit le « grand savant de l'Islam ». Pour certaines personnes pratiquantes ou non, une personne homosexuelle est considérée comme une personne apostat à faire convertir, à purifier ou tout simplement personne à soigner[14]. Une personne impure qui ne doit pas se mélanger avec les fidèles. En 1990, l'Organisation Mondiale de la Santé supprime l'homosexualité de la liste des maladies mentales, mettant fin à plus d'un siècle d'homophobie médicale. Les deux plus célèbres écoles juridiques des imams **Mâlik**[21] et **al-Châfi'î** classent les homosexuels avec les adultérins, qu'ils soient eux-mêmes mariés ou pas[23].
« **Le shah Abbas Ier** enlaçant un jeune page servant d'échanson » (début XVIIème) en est un des tableau les figuratif.

Toutefois, selon une étude plus polémique de la question, « *l'utilisation par les théologiens musulmans contemporains d'une terminologie comme chudhûdh el Jisnî* (sexualité contre nature) ou sexualité pathologique *pour qualifier* l'homosexualité appelée ; *liwāṭ, ou šhudhūdh el jĩnsī renvoie à la caractérisation occidentale de l'homosexualité telle que instituée au xixe siècle; (...), ces caractères ne sont pas opérants pour l'époque médiévale* ». Le fait que les radicalistes imposent aux croyants le rejet des texte islamiques condamnant au châtiment éternel les

[14] *En 1990, l'Organisation mondiale de la santé supprime l'**homosexualité** de la liste des maladies mentales, mettant fin à plus d'un siècle d'homophobie médicale*

juifs, les chrétiens ou les homosexuels n'est pas tout à fait vrai. En réalité, ce ne sont pas seulement les fondamentalistes ou les extrémistes qui rejettent l'homosexualité et les homosexuels mais tous les croyants, même les plus modérés d'entre eux, sauf ceux qui corrompent leur foi ou qui rejettent l'islam. L'homosexuel qui a effectué la profession de foi *(chahâda)* reste musulman malgré tout. Précisons que l'homosexuel sort de l'islam et son attestation de foi est annulée car il rend *halal* ce que Dieu a rendu *haram*. À l'image des autres musulmans en France, beaucoup d'homosexuels musulmans ne côtoient plus de mosquées à cause de la discrimination. La coexistence de l'échelle homosexuelle avec la dimension religieuse mène-telle automatiquement à une religiosité individuelle ou à une homosexualité vécue dans la honte ? Une telle religiosité individuelle assigne-t-elle toujours de tourner le dos aux lieux de culte[24] ? L'individualisme religieux peut consister à se fabriquer une religion à soi en se caractérisant de toute communauté mais peut aussi être une combine pour garder son adhésion et rester au sein de l'Islam.
LudovicMohamed Zahed[15] priait chaque vendredi avec plusieurs milliers de fidèles dans la Grande Mosquée de Paris. Cet homosexuel musulman approuve l'anonymat du lieu et le contenu apolitique des prêches qui y étaient dispensés : *"Le but de ces musulmans qui se désignent progressistes n'est pas de s'en tenir à la seule 'défense' d'une minorité sexuelle dans le cadre d'une interprétation de l'islam qu'ils jugent intolérante et obsolète à partir de leur expérience discriminée"*, explique **Florence Bergeaud-Blackler,** chercheur associée à l'Institut de recherches et d'études sur le monde arabe et musulman. *"Ils veulent réformer, promouvoir un islam inclusif de valeurs progressistes"*, ajoute-t-elle.

Une première en Europe et ce n'est pas la dernière, une mosquée dite « *"inclusives"* existe déjà en Afrique du Sud, aux Etats-Unis et au Canada, mais celle de Paris est une première en Europe. L'association « Les musulmans pour les valeurs progressistes », lancée en 2007 aux Etats-Unis, a recensé une dizaine de lieux de culte similaires en Amérique du Nord[14] ». Cette initiative « *n'a reçu le soutien d'aucune institution musulmane, de nombreux imams et personnalités de l'islam de France y voyant un projet contraire à la religion. Il y a des musulmans*

[15] Ludovic-Mohamed Zahed, né à Alger en 1977, est un imam et un docteur en sciences humaines et sociales. Publiquement homosexuel, Zahed est le fondateur des Homosexuel-le-s musulman-e-s de France. [14] Le MONDE, Publié le 30 novembre 2012.

homosexuels, ça existe, mais ouvrir une mosquée, c'est une aberration, parce que la religion, ce n'est pas ça", estime **Abdallah Zekri**[16], président de l'Observatoire des actes islamophobes, sous l'autorité du Conseil français du culte musulman (CFCM) » (Conseil Français du Culte Musulman).16

A l'instant où la France vient d'autoriser le mariage pour tous, il se trouve des régions du monde où être homosexuel induit encore réprobation, condamnation et punition. Bien au contraire, l'Histoire nous apprend que la tolérance ainsi que la condamnation sont deux positions qui ont alterné depuis cinq millénaires. Certaines civilisations n'ont jamais banni l'homosexualité, comme la Grèce ou la Rome antiques, d'autres l'ont condamné en lapidant, brulant publiquement les homosexuels pendant des siècles, comme le Judaïsme, le Christianisme ou l'islam. Il ne peut être question de mettre en avant une histoire de l'homosexualité et, ce, pour deux raisons majeures : premièrement de multiples travaux au sein d'autres religions existent déjà sur le sujet ; deuxièmement nos études ne se portent pas sur cette obsession de la vengeance divine contre un peuple. Il s'agit juste de présenter le rapport juridique de l'actualisation du statut de l'homosexualité et ses causes qui ont fait l'objet de ces quelques rappels historiques.

Cette position interpelle l'histoire relative à la question de la déportation homosexuelle qui est à la fois celui du totalitarisme nazi[17] et celui de la répression de l'homosexualité en Europe[21] et qui s'est déroulée depuis la fin du XIXe siècle sur une période de douze ans (1933-1945)[18] La persécution des homosexuels sous le Troisième Reich n'a en effet été rendue possible que parce que des préjugés homophobes étaient profondément ancrés dans les mentalités européennes[19], et incidemment allemandes, et parce qu'un dispositif répressif préexistait à celui mis en place par le régime nazi : *« Depuis 1871, le paragraphe 175 du Code pénal allemand, qui reprenait des dispositions du droit prussien, prévoyait en effet une peine de prison, ainsi que la perte des droits civiques, pour les actes homosexuels entre hommes. La durée de la*

[16] **LE FIGARO**, Par Avec Reuters, Publié le 30/11/2012.

[17] Jonathan Zimmerman, « Gays, Nazis, and the GOP » *[archive], sur Origins*, août 2011 (consulté le 8 mars 2022).

[18] *IBID*

[19] *IBID IBIDEM*

peine était fonction de divers facteurs : la nature de l'acte sexuel (la masturbation réciproque était moins pénalisée que la sodomie), l'âge du partenaire, la récidive ». « Le sort des lesbiennes reste plus difficile à évaluer. Comme nous l'avons vu, le lesbianisme n'était pas puni par la loi et les lesbiennes qui furent arrêtées l'étaient souvent sous un autre prétexte. S'il est parfois question d'un triangle rose avec LL (Lesbische Liebe) à l'intérieur, nombre de lesbiennes auraient été enregistrées comme politiques (triangle rouge), asociales (triangle noir) ou criminelles (triangle vert) (Schoppmann, 1991) »[20]. En Afghanistan de nos jours, Les homosexuels sont persécutés35, encore pire ce que le nazi du 20 é siècle leur a fait subir ! « *Il est tombé dans le piège tendu par les talibans. Un Afghan homosexuel a été violé et battu en se rendant à un faux rendez-vous dont il pensait qu'il lui permettrait de quitter le pays* ». *D'après un militant LGBT+ basé en Turquie et cité par ITV, « la peine de mort est très régulièrement requise pour les personnes qui pratiquent l'homosexualité dans le pays. Selon lui, la situation de l'homosexuel battu et violé ne sera pas un cas isolé ». "Ils créeront un compte de profil et tromperont les personnes LGBT+ en prétendant être un membre de la communauté. Mes connaissances en Afghanistan ont peur, ils ne savent pas ce qui va leur arriver à l'avenir, alors ils essaient juste de se cacher", raconte le militant LGBT+. Il appelle les dirigeants des pays occidentaux à ne pas reconnaître le régime des talibans »*. Si certains sont homophobes, nous supposons systématiquement qu'ils inculquent à leurs enfants des valeurs de haine et de discrimination.

A Liège en Belgique le 22 avril 2012 disparaissait **Ihsane Jarfi.** Âgé de 32 ans, « *il était homosexuel et c'est devant un bar gay de Liège, l'Open Bar, qu'il a été enlevé par quatre hommes qui Scelleront son destin quelques heures plus tard* ». Reprocher à son enfant d'être homo, c'est aussi absurde que lui reprocher la couleur de ses yeux ou de ses cheveux. Si nous commençons à les juger en leur mettant des barrages, c'en est fini de l'harmonie sociale. Chaque personne a une opinion en fonction de son éducation, sa culture, sa religion, sa maturité psycho-sociale, son imagination, ses études, ses lectures, son expérience de vie, son intelligence, son appartenance ethnique etc. Les besoins des gens du Moyen Age ne sont plus similaires aux gens du XXIème siècle. Il y a de la place pour tous. C'est la diversité qui donne le charme et la beauté de notre vie. Parfois, silence vaut science. Beaucoup de textes – le Coran, la Bible, la Bhagavad Gita, littéraires peuvent être lu en toute circonstance. Nous les lisons à la

[20] Zimmerman, « Did Nazis persecute gays, or were they gay themselves? », *The Bakersfield Californian/History News Service*, 27 août 2011

lumière ou à la lueur de nos connaissances, de notre bagage, de l'état de notre conscience personnelle ou collective.

Pour illustrer cela de manière très simple : prenez un texte que vous avez lu lorsque vous étiez enfant. Puis, relisez-le lorsque vous êtes jeune adulte, puis adulte, puis dans la force de l'âge, puis lorsque vous êtes âgé. Résultat, vous ne le lirez et ne le comprendrez pas forcément de la même manière. Les textes, les écritures ont une force cachée, qui aide dans chaque circonstance, à chaque étape de notre existence. Rien qu'en matière d'exégèse coranique, nous en avons compté plus de 300[21] qui existent en version arabe, sans parler de milliers de traductions en différentes langues[21]. Ces versets peuvent donner lieu à plusieurs lectures selon le profil intellectuel (juridique, traditionaliste, moderniste, linguistique politique ou théologique), le caractère (rigoriste, libéral, etc.), la tendance religieuse (sunnite ou shi'ite, doctrinaire ou mystique), le choix méthodologique (privilégiant la lettre ou l'esprit du passage sacré), la tendance idéologique (arbitraire politique, radicalisme populiste etc.)

L'homosexualité est un problème qui concerne l'intimité de la personne ; ce n'est pas un choix pathologique, c'est surtout une donne de la nature qui n'a rien à voir avec la moralité religieuse. Un homosexuel peut être un citoyen responsable, avec une haute conscience civique, politique, morale dans la vie sociale ou personnelle. Les gays, les bisexuels, les lesbiennes de confession musulmane sont devenues de plus en plus visibles au cours des dernières années. Ils énoncent souvent que « *nous ne devrions pas nous condamner de cette façon et que Dieu lui-même a créé la diversité* ».

En 2004, la première association marocaine *KifKif* (pareils) basée à Madrid suscite beaucoup d'espoir, mais elle doit faire face à de nombreuses menaces et appelle au changement des mentalités marocaines. Comme premier exemple, l'article du très religieux quotidien

[21] Pour un vrai traducteur du coran (commentateur), il doit être savant dans les différentes sciences islamiques et littérature arabe notamment les sciences du *tafsîr* (exégèse) notamment.

marocain de langue arabe *Attajdid*, après s'être révolté de la venue au Royaume du célèbre chanteur homosexuel **Elton John** en mai 2010, s'en est pris à

l'ONG. Pour l'auteur de l'article, il y aurait « *un lien entre cette invitation [celle du chanteur* britannique*] et ce qu'il considère comme une "campagne pour la dépénalisation de l'homosexualité*".

Seconde exemple, en mars 2009, leur site Internet

(*gaymaroc.net*) était piraté par un *hacker* islamiste qui a réussi à y insérer des versets du Coran assignant à l'assassinat des homosexuels. Ce pirate a choisi d'y ajouter l'image d'une exécution d'homosexuels qui s'est déroulée publiquement en Iran. De nos jours, les homosexuels de confession musulmane sont soumis à une agressivité cognitive entre leurs deux échelles identitaires. Les gays et les lesbiennes, accrochés à leur dépendance musulmane, sont fréquemment confrontés à des discriminations et à de multiples attaques Ils se sont trouvés face à une tradition héritée des prédécesseurs mais incohérentes avec leurs propres ambitions et le besoin de socialisation avec d'autres comme soi qui peut potentiellement les conduire à se tourner vers des lieux de culte dont ils se sentent complètement étrangers. Cette analyse expose la tension identitaire des musulmans homosexuels en déterminant ceux qui ne fréquentent ni l'Islam ni les mosquées et ceux qui se donnent à un lieu de culte occasionnellement ou silencieusement. Chaque être humain a des qualités qui le distinguent. Mais, certaines caractéristiques sont imposées : on nait homme ou femme, blanc ou noir, de telle nationalité et dans telle culture, droitier ou gaucher, hétérosexuel ou homosexuel. D'autres caractéristiques sont la conséquence de choix, plus ou moins libres : lieu d'habitation, philosophie, langues parlées, métiers, confession religieuse, options politiques… Choisies ou pas, ces caractéristiques ont leur importance.

Les vivre construit notre humanité. La foi nous apprend à acquérir un autre degré de notre identité, Mais Dieu est aussi *Rabb* (notre maitre et enseignant) pour nous tous, il est vérité et nous appartenons tous a cette dernière. Cette parabole nous aide à déchiffrer cette révélation apportée par le prophète de l'Islam « *Nous t'avons envoyé qu'une miséricorde pour l'humanité* entière ». (Coran 21 : 107). Nous mentionnons ici le comportement du prophète le plus aimable, le plus accueillant, le plus doux, le plus attentionné, le plus courageux, le plus attachant, le plus beau, le plus sage, le plus fin, le plus clément même envers ces ennemis. Le Coran décrivit la prophétie de

Mohamed comme étant le fruit de l'invocation du prophète Ibrahim. Ce dernier pria Allah d'envoyer un prophète qui rappellerait le monothéisme. Le prophète Jésus annonça la venue d'un messager dont le nom sera Ahmad. Sa mission première est de rappeler la sexualité de l'humanité. Au-delà de cette nouvelle étonnante, bouleversante, cet homme symbole de miséricorde nous initie, il nous apprend à entrer dans cette filiation nouvelle, notamment quand il nous enseigne à prier en disant : « *Rabbi l'âlamîne* » (maitre des univers). Cette faveur *Qarâba* ou *el Qurb (le rapprochement et la proximité divine),* qui a été attribué à tout être humain sur terre sans distinction, nous accompagne durant toute notre vie terrestre : « *Et nous sommes plus proche de lui que sa veine jugulaire* » (Coran 50 :16). La plupart des exégètes l'expliquent grâce à l'amitié qu'il offre à ses êtres. Certains disent que Sa proximité signifie Sa connaissance (de tout), comme le cas de son accompagnement. Il affirme (à la fois) la transcendance par rapport à Sa créature, et se déclare prêt à se fusionner avec les créatures tout en affirmant Sa proximité. Cet accompagnement de *ma'îya* est nécessaire pour découvrir la proximité de Dieu au-delà des figures parentales que nous connaissons.

Dans la foi, notre orientation affective et sexuelle est envisagée comme une reconnaissance envers notre créateur : *« Pourquoi Allah vous infligerait-Il un châtiment, si vous êtes reconnaissants et croyants ? »* (Coran 4/147). Les histoires racontées dans le Coran sont autant de leçons, pour l'humanité, qui démontrent la nature de Dieu. L'histoire du prophète Loth[40], pour sa part, est particulièrement pertinente dans le contexte du 21e siècle.

Doit-on appliquer tout ce qui est cité dans le Coran ? Dans le chapitre 7 verset 80, le passage demeure l'unique fondement à partir duquel se sont construit les légendes, les traditions et les descriptions iconographiques autour d'Abraham et de son neveu Loth. Le dialogue entre Loth et son peuple est un échange très riche d'humanisme et de maturité distincte de notre discours chargé de violence et d'incapacité. Le lien de fraternité universelle et le refus de rejet des autres se sont révélés particulièrement accessibles aux commentateurs coraniques. Dans le Coran, les peuples des prophètes ont souvent attribué le titre de fraternité à leurs détracteurs, notamment **Hûd** (Coran11/50) : « *Nous avons envoyé aux* **'Aad,** *leur frère* **Hûd**[41] ». Autre exemple, le prophète **Chouaib** : « *Et à la tribu des Madyan », (Nous avons envoyé) leur frère* **Chouaïb** ». Le Coran nous dit explicitement que « *le peuple de* **Loth** *n'est pas très éloigné de vous* » (Coran 11/ 89), il avertit alors son peuple qu'il allait subir un sort similaire à ceux des peuples de **Noé**, de **Houd**, de **Loth** et de **Saleh**. La destruction ne serait que la conséquence inévitable de leur désobéissance : *« Et (l'exemple) du peuple de Loth n'est pas très éloigné de vous* **»** (Coran 11/ 89), leur dit-il. Selon **Ibn Kathir**, cette phrase signifie que le peuple de Madian commettait des péchés graves, tels les vols de grands chemins, comme le peuple de **Loth** : *« Alors le tremblement de terre les saisit et l'aube les trouva gisant dans leurs demeures.* **»** (Coran 7/91). Toujours selon lui, les Madianites étaient similaires au peuple de **Loth** quant à l'époque et l'endroit où ils vécurent, de même que dans leurs comportements. De nombreux peuples ont été affligé par les catastrophes du peuple de Loth, pas seulement pour leurs orientations sexuelles mais surtout pour les viols subis par des hommes par des hommes et le fait de contraindre les femmes de coucher avec d'autres. Certains commentateurs déclarent que le peuple de **Loth** n'était pas intégralement homosexuel : « *Et (l'exemple) du peuple de* **Loth** *n'est pas très éloigné de vous* **»** (Coran 11/ 89**)**, leur dit-il. **«** *Mais ils le rejetèrent ; alors le châtiment du Jour de l'Ombre les saisit, et ce fut certes le châtiment d'un jour terrible.* *»* (Coran 26/189).

Le grand commentateur du coran **Ibn Kathîr**[42] nous enseigne « *qu'ils furent soumis à une température torride et insupportable durant sept jours d'affilée. Ils tentèrent de se rafraîchir avec de l'eau, mais en vain. Certains se sauvèrent dans le désert et, voyant un grand nuage sombre et lugubre, ils coururent vers lui, croyant trouver de l'ombre au-dessous. Mais lorsqu'ils y parvinrent, le nuage relâcha des gouttes de feu et la terre se mit à trembler sous leurs pieds* ». Le Coran dit : *« Ainsi (disparurent) ceux qui avaient traité* **Chou'aïb** *de menteur, comme s'ils n'avaient jamais vécu là. Ceux qui avaient rejeté* **Chou'aïb** *furent les perdants*. **»** (Coran 7/92). Que ce soit en version arabe ou de la traduction en langue européenne, l'"interprétation des textes du coran vivait une épreuve épouvantable, non par manque de compétences dans leurs travaux de longue durée, mais pour l'inadéquation, la déshumanisation et le manque de tact dans leurs interprétations. Un autre point s'est révélé[43] particulièrement accessible aux commentateurs coraniques. Le discours coranique expose en même temps la punition des injustices du peuple de **Loth** (neveux d'**Abraham**) et la naissance de son fils **Ishaq** à Abraham. Le Coran n'évoque pas Sodome - pas plus que Gomorrhe - mais y fait référence rapidement dans les récits présentant le personnage de Loth dans une histoire assez proche de ce qui figure dans les textes coraniques. Des passages de la Bible affirment la condamnation de la sodomie (Deutéronome, II), sans oublier, bien sûr, le très illustres texte du Lévitique (XVIII, 22) : « *Tu ne coucheras pas avec un homme comme on couche avec une femme, ce serait une abomination* », repris, mot pour mot, un peu plus loin (Lévitique, XX, 13) mais complété : « ...*Ils seront punis de mort. Leur sang retombe sur eux* ». L'histoire de Sodome aborde assurément pour la première fois la mort se montre sanctionnant l'homosexualité. L'acceptation et la punition venaient de Dieu lui-même et, malgré d'apparents changements dans les mentalités et les pratiques, elles continuent toujours de faire peser leurs effets, un peu partout, sur la planète. Il est essentiel de souligner que l'histoire de **Loth** remonte de l'ordre d'un millénaire après la rédaction de la Bible. Elle sera la base à l'interdiction de l'homosexualité, reprise dans le Coran et dans les « *hadith* », dans les propos et le comportement du Prophète, rapportés après sa mort par ses disciples et constituant la base de sa Tradition. A la suite du Judaïsme et du Christianisme, l'Islam va donc reprendre cette même accusation et approuver l'homosexualité en tant que crime d'atteinte à sa majesté divine, de crime contre nature. L'emmagasineur biblique est une similitude avec la pratique islamique, car les nomades des déserts d'Arabie se montraient assez libres de vie et de mœurs. Nombreuses sont les sourates, notamment VII, 78 et s., XI, 79-84, XXI, 74, XXII, 43, XXVI, qui parlent de l'homosexualité ou « **liwât** », évoquée comme dérèglement sexuel, viol ou « **zinâ** » chez les hommes, mais aussi comme « **musâhaqa** » parmi la classe féminine et traité avec une plus grande indulgence (sourate XXIII, 30).

Au sujet de **Loth** et de son peuple, après analyse des différents extraits de la Bible et du Coran, la figure du prophète **Loth** dans le Coran est très analogique à celle de **Noé**. Le **Loth** de la Bible, tout comme **Noé**, est un prédicateur qui demande à son peuple de reconnaitre ses propres déclarations comme celles d'un prophète. D'après la Genèse, **Noé** ne prêche pas à son peuple. Le premier discours de **Noé** a lieu après le déluge (Gn 9). Aucun des deux ne prêche à son peuple, ils dialoguent avec lui en vue de protéger les visiteurs des menaces (Gn 19). Dans la Genèse, ni **Noé** ni **Lot**h ne sont nommés prophètes.

Dans le Coran, le descriptif de **Loth** et de **Noé** est beaucoup avoisiné plus l'esprit de la deuxième épitre de **Pierre** (2P 2,4-9). Dans un passage, **Loth** devient « le juste » (2P 2,7), un homme perturbé pour son peuple : « *ce juste qui habitait au milieu d'eux torturait jour après jour son âme de juste à cause des œuvres iniques qu'il voyait et entendait* » (2P 2,8).) Dans de nombreux passage, **Noé** est durant des siècles perturbé par le comportement de son peuple moqueur et ingrat. (Coran 71/1-28).

Cette histoire figure dans la Genèse, les Jubilées, le Livre des Juges, celui d'Ézéchiel (**dhu l kifl**), les Testaments des douze patriarches, le testament **de Nephtali** ou le testament de **Lévi** parmi d'autres. N'oublions pas de mentionner **Sodome** et l'origine de ces récits en Mer Noire, lors de la chute du barrage du Bosphore[44] il y a environ 9000 ans. **Gilgamesh** est lié à ces récits puisqu'il aurait rencontré, durant son illustre épopée, un survivant du Déluge ayant inspiré Noé dans les écrits bibliques. La première présentation du crime de **Sodome** se manifeste vers 50 ans avant **JC**. Auparavant, il s'agissait de condamner la transgression des traditions de l'hospitalité et de charité, qui représentait des valeurs fondamentales des civilisations antiques. C'est une lecture qui va exercer une influence majeure dans la législation et la civilisation judéo-chrétienne et aussi, de ce fait, la civilisation musulmane.

Comment a-t-on pu passer de la transgression des traditions de l'hospitalité et de la charité à la condamnation de l'homosexualité ? Comment sommes-nous passés des péchés du peuple de **Loth** au peuple de Sodome ? Comment sommes-nous passés du peuple de Sodome à l'homosexualité ? Comment sommes-nous passés à la condamnation de l'homophobie ? Pourquoi nous sommes-nous focalisés uniquement sur cet acte ? Cette description dessine un monde terrifiant et incontrôlable, mais est-il si différent du monde dans lequel vivait le prophète **Loth** ?

Pour bien comprendre la fonction et la signification d'une image homophobe de l'époque médiévale, il faut accéder à la mentalité des hommes médiévaux. Nous devons prendre en compte l'échelonnement des règles juridiques religieuses relatives à cette orientation sexuelle, les questions liées au perfectionnement de l'appellation, l'intérêt pour l'histoire pouvant être perçu comme discipline à part entière au lieu d'un « hobby » ou faisant partie de la culture générale. L'Histoire permet de connaître le passé, de saisir le présent et, si elle ne permet pas de dévoiler l'avenir, elle le nourrit de sa description. Dans le monde, il plus est dangereux de marcher dans les rues, même en plein jour. Les assassinats sont monnaie courante et la drogue est omniprésente. De nos jours, dans les établissements du secondaire, beaucoup d'enfants ont déjà été victimes d'attouchements et de viols, de même que la pornographie infantile et le trafic d'êtres humains. L'alcool et la drogue sont responsable de l'éclatement de nombreuses familles, de situations de violence conjugale et de la corruption généralisée des sociétés. Nous fermons les yeux sur le trafic d'êtres humains qui a lieu et des conditions de vie atroces que ces jeunes filles et garçons subissent : violence, manipulation, le terrorisme sans parler des enfants qui sont nés dans ces milieux et qui sont forcés d'y rester.

Le peuple de **Loth** constituait une société très similaire à la nôtre, une société corrompue, composée de gens dénués de toute pudeur et composée de criminels de toute sorte. Le voyageur, tenté de passer par la ville de Sodome, s'exposait au vol et aux attaques sur sa personne. Le peuple de Loth était démuni de toute morale et n'admettait aucune norme sociale. L'homosexualité n'était pas vécue en secret, loin de là, elle faisait partie d'un mode de vie qui non seulement permettait, mais approuvaient le vice et la corruption. Le prophète **Loth** n'adorait que Dieu, de façon exclusive. L'adoration de Dieu comporte assurément un désir et une volonté d'obéir à ses commandements. Mais, le peuple de Sodome se complaisait dans la corruption et ne souhaitait nullement changer. La présence de Loth les irritait donc au plus haut point et dès qu'il ouvrait la bouche pour s'adresser à eux, ils se détournaient de lui. **Loth** invita son peuple d'abandonner leurs activités criminelles, leurs comportements turpides et leur orientation sexuelle, mais ils refusèrent inconsciemment de l'écouter. Il dénonça leur corruption, les désapprouver et leur signala leurs activités et leurs comportements sexuels contre nature, mais sans résultat : **«** *Que ne craignez-vous Dieu ? Je suis certes pour vous un messager digne de foi. Craignez donc Dieu, et obéissezmoi ! Je ne vous demande pas de salaire pour cela ; mon salaire n'incombe qu'au Seigneur des mondes.* **»** (Coran 26/161-164).

Pour nous, êtres du XXIème siècle, au cours des trente dernières années, il est devenu presque légitime de parler de l'homosexualité comme d'un style de vie parmi d'autres. Mais, selon la loi divine, au sein des trois grandes religions (judaïsme, christianisme et islam), ce « style de vie » n'est pas admissible. Apparemment, l'homosexualité est programmée génétiquement et doit être proscrite par les grandes religions. Selon certains commentateurs, le Coran déclare explicitement que le peuple de Sodome fut le premier à pratiquer cette déviance : *« Quoi ! Accomplissez-vous l'acte charnel [comme nul peuple avant vous] avec les mâles de ce monde ? Et délaissez-vous les épouses que votre Seigneur a créées pour vous ? Vous êtes vraiment des transgresseurs !*

» (Coran 26:165-166).

D'après le grand historien et commentateur du Coran **Tabarî** (Imam au 8ème siècle) dans ses *Chroniques* (arabe *Tārīkh al-Tabarī*), également connue sous le titre ; *Histoire des prophètes et des rois* (arabe : *Tārīkh al-Rusul wa-l- Mulūk*)[22], le peuple de **Loth** était dépourvu de toute morale et n'obéissait à aucune norme sociale. Certains historiens et commentateurs racontent que le peuple de **Loth** avait abouti à un stade de débauche sans limite, ne connaissant aucune pudeur, aucune honte. Les gens accomplissaient leurs actes abjects tant en public que dans leur intimité. Ils violaient des hommes et forçaient des femmes à rejoindre leurs orientations sexuelles. Lorsque **Loth** fit en sorte qu'ils se repentent et réforment leurs manières de vivre, ils tentèrent de le chasser de la ville, affirmant qu'il commettait un péché en les empêchant de satisfaire leurs bas désirs : « *Si tu ne cesses pas,* **Loth**, *tu seras bientôt banni [de notre cité]* » (Coran 26 :167). **Loth** manifesta ouvertement son dégoût et sa colère et pria Dieu afin qu'Il les protège, lui et sa famille, du peuple de

Sodome. Le peuple de Sodome avait fini par voir comme tout à fait convenable sa manière de vivre. Seulement, au XIXème siècle, nous sommes habitués à apercevoir le mal, le vice et l'ignorance partout autour de nous, nous sommes désormais impuissants d'y répondre de manière appropriée. Nous découvrons toutes sortes d'excuses pour justifier des comportements récusables aux yeux des textes.

Le Coran fut révélé il y a 15 siècles et n'a en aucun cas utilisé l'apostasie, ni aucun autre terme « infidèle » **A- Choûra** n°26 versets 165 et 166 : *« Allez-vous accomplir l'acte sexuel avec les mâles de ce monde ? Et vous délaissez les épouses que votre Seigneur a créé pour vous ? Mais vous êtes plutôt un peuple de transgresseurs* ». Dans un autre verset : « *vous êtes un peuple touché par l'ignorance* ».

En arabe, pour le terme d'homosexualité, il existe une ambiguïté au niveau étymologique. Ce qui a été cité précédemment concerne les relations sexuelles entre hommes, nommé Liwâth en langue arabe, dérivé du nom **Loth** (ce que faisait le peuple de **Loth**). Mais, les relations sexuelles entre femmes, appelées **Sihâq'** en arabe, même si elles sont moins

[22] *La Chronique : Histoire des envoyés de Dieu et des rois*, Paris, Al-Bustane, 2002, 1197 p

graves, font aussi partie des grands péchés comme l'a mentionné l'imam **Ibn Hajar Al Haytami** (mort en 973) dans son ouvrage **Al Zawâjir An Iqtirâf Al Kabâir** (les gravités de celui qui commettait les péchés majeurs) vol 2 p 152. Dans le Coran, Dieu relate le récit de plusieurs prophètes antérieurs au dernier d'entre eux, prophète de l'Islam. Parmi ces élus, il y a **Loth**[45], neveu de **Abraham** qui émigre avec lui pour une cité nommée actuellement "**Shâm**", dans l'ancienne Mésopotamie, cité que le Coran évoque de façon métaphorique en tant que Sodome.

Zâdu-l-massîr : « *Ainsi que Loth déclare à son peuple : "Manifestezvous l'immoralité que nullement ne vous a précédé en elle d'un seul de parmi les êtres cognitifs ?»* (Coran 7/80).
Le Coran nous déclare que le peuple de Loth est puni non pour son orientation sexuelle mais pour d'autres raisons. Le Coran ne relate pas que leur prophète **Loth** invita le peuple dans lequel il s'était installé, à abandonner l'adoration des idoles, contrairement à ce qu'il relate des prophètes dépêchés auprès des autres peuples et dont il fait le récit.

Que signifie le mot Liwât (sodomie) ? Quel rapport avec l'homosexualité ?

Du vocable **Lūṭh** sont dérivés les termes **lūṭī** *et* **lūṭiyya. luṭiyya** n'est pas le féminin de **lūṭī.** C'est en fait l'équivalent abstrait de **lūṭī** et pourtant **lūṭī** doit être comparé à sodomite. Dérivé de Sodome, un sodomite n'est pas un habitant de Sodome, mais un adepte de la sodomie. De même, un **lūṭī** n'est pas un adepte de **Loth**, mais il s'agit d'un adepte de la **lūṭiyya**. **Lūṭī**, dérivé graduellement de **Loṭh** ou **Lût** sur le plan morphologique, dérive *régressivement* de **lūṭiyya** sur le plan sémantique suivant le schéma : *Lūṭ - lūṭī - lūṭiyya.* De même pour *lāṭa, lāwaṭa et talawwaṭa,* ils présentent sur le plan linguistique une particularité : l'origine et le fondement en sont le nom *qawmu* Loṭh *(peuple de Loth).* Pour comprendre cette métonymie par rapport aux exemples précédents, il faut savoir ce que faisait le peuple de Loth et, pour le savoir, il faut se référer au Coran[47]. Le Coran évoque plus de **15 fois**, implicitement ou explicitement, Loth et/ou sa famille et/ou son peuple et raconte 8 fois leur histoire :

VII 80-84 ; IX 70 et LI 32-37 (fait allusion à la destruction des cités, sans allusion au peuple de Loth) ; XI 77-83 ; XV 58-77 ; XXI 74, 75 (l'histoire relative aux actes du peuple de Loth n'est pas relatée) ; XXII 43 (on relate l'histoire du « peuple de Loth » parmi les peuples réprouvés), XXVI 160-175 ; XXVII 54-59 ; XXIX 28-35 ; XXXVII 133-138 (Loth sauvé, mais non sa femme) ; XXXVIII, 13 (« *mentionne le peuple de Loth* ») ; LIII 53-54 (mentionne la cité renversée sans mention du peuple de Loth), LIV 33-40. Cette histoire n'est jamais relatée entièrement, mais plutôt par bribes, et avec des variations dans les détails. Pourtant, il s'agit bien d'un cocktail des différents passages qui permet d'améliorer l'histoire coranique de **Loth**, de sa famille et de son peuple. Dans quatre des huit passages où l'histoire du peuple de Loth est racontée, il est fait mention d'une « turpitude » (**fāḥicha**) particulière : (Coran.

7-81) « *oui, vous venez aux hommes avec désir et non aux femmes* ») Cor. 26, 165-166 : (« « *Viendrez-vous aux mâles des mondes / et délaisserez-vous ce que votre Seigneur a créé pour vous, vos épouses* ? ») Coran. 27, 55) : (« *est-il vrai que vous venez aux hommes avec désir, non aux femmes* ? » (Coran. 29, 28) « *est-il vrai que vous venez aux hommes* ? »).

Dans les grandes lignes, la formation et l'interprétation de **liwāṭ** peuvent être comparées à celles du terme « sodomie ». Sodomie est formé sur Sodome, nom d'une ville mentionnée dans la Bible (Genèse 18-19), mais non dans le Coran où habite **Loth**. Le mot fait allusion au comportement de cette ville, c'est-à-dire de ses habitants : la métonymie est moindre qu'avec **liwāṭ** et, surtout, ne comporte pas le caractère paradoxal de la formation arabe, Loth étant en effet le seul « juste » de la cité. Mais, il désigne précisément, dans le français d'aujourd'hui, comme **liwāṭ** en arabe classique, le coït anal, même si, dans l'histoire de la langue ou d'une langue à l'autre (arabe, français ou allemand, anglais), il n'en a pas toujours été ainsi, le mot pouvant avoir un sens plus large ou un autre sens (bestialité). Pour finir, sodomie nous introduit la formation et l'interprétation de mots dérivés, de noms propres de lieux (linguistique), comparables par son double caractère allusif et idiosyncrasique à ceux dérivés de noms propres d'individus (anthroponymes). La restriction du sens de *liwāṭ est la seule qui* permet d'en comprendre l'amplification : c'est parce qu'il désigne non pas l'homosexualité masculine en général, mais la sodomie en particulier, qu'il peut indiquer le coït anal, non seulement entre hommes, mais aussi entre un homme et une femme. Dans ce dernier cas, cependant, apparaissent des expressions spécifiques[48]. Lorsque nous lisons les propos d'**Ibn Taymiyya**[23], figure centrale du fondamentalisme sunnite, traditionaliste de l'Islam pur et dure, ce peuple croyait en l'existence de Dieu et ne rendaient pas de culte à des idoles[50] : "*Le peuple de* **Loth** *considérait licite l'homosexualité et le* **Tawhîd** *(monotheîsme) ne leur pas été rappelé, contrairement aux autres peuples. Cela indique qu'ils n'étaient pas idolâtres, et que leur péché était d'avoir considéré licites l'homosexualité ainsi que des beaucoup de choses suivants cela*"[24] Le fait de pratiquer l'homosexualité sans la déclarer licite est une **kabîra** n'allant pas jusqu'au **kufr akbar** (l'apostasie ou sortir de l'islam).

Cependant, considérer licite (*istihlâl*) cette action constitue du *kufr akbar*. Ce peuple était *kâfir* (incroyant) par le fait de renier le prophète de **Loth** (sur lui soit la paix) ainsi que ce que ce dernier leur rappelait : le caractère interdit de l'homosexualité. Le Coran évoque deux autres mauvaises actions de ce peuple : "*Aurez-vous commerce charnel avec des mâles ? Pratiquerez-vous le brigandage ? Commettrez-vous le blâmable dans votre assemblée ?*» « (Coran 29/29), qui désignent deux choses au sujet desquelles les commentateurs divergent. Face aux rappels que leur prophète leur faisait au sujet de leurs mauvaises croyance et actions, ils répliquèrent par un avertissement d'expulsion de la cité, se moquant sur le fait que **Loth** et les siens étaient "*des gens qui se montraient purs*". De plus, il serait attesté historiquement que des humains étaient homosexuels avant l'époque de **Loth**.

Pour certaines personnes : "*la particularité de* l'homosexualité du peuple de Loth est le fait de l'imposer à son peuple par ce groupe qui a fait du tort aux autres par les viols et agressions. Loth *lui qui a affirmé à son peuple que personne avant eux n'avait pratiqué l'homosexualité.*" Et pour d'autres : « *Le Coran a dit vrai sur ce point aussi, et, justement, cela montre que ce n'est pas l'homosexualité que Loth désignait dans son affirmation (puisque l'homosexualité a existé bien avant ce peuple), mais le viol d'hommes. C'est cela au sujet de quoi personne n'avait précédé le peuple parmi lequel Loth s'était installé. Et c'est cela qui est interdit en islam. En revanche, l'homosexualité consentie n'est nullement interdite dans le regard du Coran.*" Or, les choses sont différentes. Il est

[23] Ibnu Taymiya, ***Kitâb un-Nubuwwât***, (livres des prophéties) Saudi édition, Egypte, p. 43.

certes possible qu'il y ait eu des humains qui ont pratiqué l'homosexualité avant le peuple de **Loth.** Et cela va à l'encontre de ce propos de Loth relaté dans 2 versets : - le grand commentateur du Coran **al-Qurtubî** (mort en 671 a. h. / 1273 a. g.) a dédaigné l'attestation disant que l'homosexualité avait eu cours avant l'époque de **Loth** car elle contredit le propos de **Loth** présent dans le Coran (**Tafsîr ul-Qurtubî**)[52], tout en accentuant le commentaire le plus accrédité de ce prophète : *"Personne n'avait pratiqué l'homosexualité avant eux"* ; - pour le commentateur **Ibn 'Atiyya** (mort en 542 a. h. / 1147 a. g.), cette pratique n'était pas connue comme péché ou transgression avant l'époque de **Loth**. (*Tafsîr* **Ibn 'Atiyya**). Ils pratiquaient cela publiquement : "*Est-ce que vous venez à ce que personne n'a fait avant vous : pratiquer aussi assidûment et publiquement (l'homosexualité), et la répandre autant* » ? Voilà qui apporte des éléments de réponse à la Première Conclusion. Nombreux sont les commentaires qui s'appuient sur les traditions du Prophète en circulation entre Mêdine et la Mecque, reposant sur plusieurs autorités. Il est probable que les tout débuts de l'explication de termes ou de passages du Coran s'enracinent dans la récitation du texte, à une époque où celui-ci n'était d'ailleurs pas encore totalement fixé. Certaines de ces gloses orales ont trouvé leur place dans les variantes coraniques. Elles ont même parfois été rejetées dans les « lectures irrégulières » (*al-qirà'ât a-s-shâdha*). C'est ce que donnerait à penser une déclaration **d'Abù 'Ubayd** (**al-Qâsim b. Sallâm**, **M.**
224/839) : *« L'objet des lectures irrégulières est d'expliquer la lecture connue et d'en faire apparaître clairement les significations*[53] ». Cependant, tout cela n'implique nullement le contenu de la seconde conclusion. Certes, des commentateurs anciens ont écrit que le peuple de **Loth** forçait des hommes de passage, des voyageurs, à avoir des relations avec eux. Mais, cela n'implique nullement que ce soit le non-consentement qui soit l'élément motivant (*'Illa Mu'aththira*) cette interdiction. Au contraire, il y a unanimité (*Ijmâ'*) des Ulémas quant au fait que, dans le regard de l'islam, les relations intimes, même consenties, ne sont licites qu'entre un homme et une femme mariée, ou (cela étant valable à l'époque où cela existait) entre un homme et la femme esclave qui lui appartenait (il fallait qu'elle lui appartienne à lui seul, et qu'elle ne soit pas mariée - forcément à quelqu'un d'autre). Et, tout comme les relations intimes consenties entre un homme et une femme non-mariés sont interdites en

islam, les relations intimes consenties entre deux personnes du même sexe sont également interdites au regard de l'islam.

Mais, en aucun cas le croyant homosexuel perd sa foi ou son statut de musulman, et ce à l'unanimité des ulémas. Dans le cas du peuple de **Loth**, le crime dont il a fait 'l'objet d'un châtiment est celui du viol des hommes et contraindre ceux qui refusent cette orientation sexuelle du coté de femmes. Les juristes ont nommé cela «*jarâ'am ash-sharaf*» (les crimes dits d'honneur). Quant au péché évident, présent en Coran 33/30 et parlant des épouses du Prophète "*Fâhichatine mubayyina*[24] », le terme ne désigne pas **ici "la fornication"** car ce terme désigne plusieurs choses (Coran 4/19) et (Coran 65/1).
Le judaïsme semblait désapprouver les relations homosexuelles, sans en faire pour autant un thème majeur, la seule mention presque catégorique se trouvant en *Lévitique* XX;13 : « *Si un homme couche avec un homme comme on couche avec une femme, ils ont fait tous deux une chose abominable* », un concept de la Thora, « *tabou, abomination, perversion* »[25][26], le plus souvent en rapport avec une idolâtrie condamnée à maintes reprises dans la Bible, sans relation particulière avec quelque pratique sexuelle (consentante ou non) que ce soit. Aujourd'hui, sur la base de ces interprétations comparatives, inclusives, le judaïsme libéral a adopté l'égalité totale entre les sexes, les genres, ainsi que la bénédiction de tous les mariages.
Dans le christianisme, le Christ n'a jamais traité ce thème dans l'Évangile, mais il est courant chez certains apôtres, notamment **Saint Paul**[28], de se livrer à une diatribe extrêmement violente dans son *Épître aux Romains* (1, 18-31), ce qu'il justifie par le fait que la reproduction devrait selon lui avoir la procréation comme unique but (ce qui n'est pourtant jamais formulé ni par Jésus ni par la tradition juive, qui vante en revanche le plaisir érotique.
Au début du IIème siècle, les prêtres de l'Église copte tranchaient le pénis et les testicules des garçons vers l'âge de huit ans[23]. Les eunuques résultant de cette castration étaient

---

[24] Christian-Georges Schwentzel, « Le christianisme a-t-il un problème avec l'homosexualité ? » [archive], sur *The Conversation*, 28 août 2018.
[25] *Northwestern lancet, tome 17*, s.n., 1897 (lire en ligne [archive]), p. 467.

[26] L'Eglise orthodoxe a largement participé au commerce des esclaves eunuques.

ensuite vendus à l'Empire ottoman24. La quasi-totalité des eunuques ottomans a enduré la castration aux mains des Coptes orthodoxes qui ont largement participé au commerce des esclaves eunuques. Tout au long des XVIIIème et XIXème siècles dans l'Empire Ottoman, l'esclavage sexuel ne fut pas seulement un élément de la pratique ottomane, mais un élément essentiel de la gouvernance impériale et la représentation de l'élite sociale· Alors que la loi islamique condamne la castration d'un homme, les Éthiopiens, qui n'avaient pas de pudeur, conduisaient en esclavage des membres des territoires au sud pour les castrer et les vendre comme eunuques à la Porte Ottomane. Les garçons **dhimmis** (juifs et chrétiens) pris dans le *devchirmé* exerçaient le plus souvent dans des lieux comme les hammams ou les cafés, mais ils pouvaient autant servir d'esclaves sexuels ou de masseurs, **Köçek (en)** ou **Saqi**[27], tant qu'ils étaient jeunes et imberbes.[30]

-Qu'en est-il du (*sihâq*), l'homosexualité entre femmes ?

Ce sujet fut mal exploité sur, rejeté en bloc comme simples représentations d'une particularité absolue. Nombre de sources s'avèrent surtout indirectes en matière de ***sihâk*** ou ***musâhaka*** (pratiques lesbiennes). Les avis divergent même quant à une référence dans le texte coranique. Des citations fort explicites n'en sont pas moins confirmées. Si on laisse ici de côté les textes juridiques, on dispose au moins de certaines références dans la littérature du plaisir ou de moralisation (*adab*), dans les contes, mais aussi dans la littérature médicale, notamment pour l'époque médiévale. Les pratiques érotiques entre femmes étaient illicites et réprimées dès lors qu'il n'y avait pas d'acte pénétratif comme dans le cas

[27] De nos jours, les chanteurs du chaabi maghrébins mentionnent souvent le mot *Sakî.* Cela est dû à l'i flue e de la présence Turck dans le maghred. [30] *IDEM*

de la sodomie[28][29]. Ce bilan peut sans doute être critiqué et, surtout, nécessiter un châtiment comme le rapporte le grand commentateur **A-Tabari**, à la cour abbasside **d'al Hadi**[30] au IXème siècle. Il retrace, en effet, la fureur de ce calife apprenant que deux de ses concubines, (homosexuelles), amoureuses l'une de l'autre, avaient été trouvées « *en train de commettre un acte immoral* ». Les deux filles furent immédiatement décapitées et leurs têtes, couvertes de bijoux, exhalant le parfum, sont présentées sur un plat aux compagnons de veillée du calife[59]. Il est vrai que ce récit, expliquant la surprise de l'assistance, vise sans doute à exprimer le manque de tempérance du calife et sa cruauté. La seule évocation de pratiques lesbiennes situées dans un espace domestique sous la domination et la responsabilité d'un homme nous vient d'**al-Tifâchi**, auteur d'un ouvrage du début du XIIIème siècle, « *Les Délices des cœurs* », traitant des différentes anomalies et soifs sexuelles sur le mode de la complaisance. Dans cet ouvrage, de longues pages sont employées aux

lesbiennes, et en accordent des descriptions fort précises, y compris dans leurs postures amoureuses. Jusqu'au XIXème siècle au moins, l'isolement des femmes paraît être la circonstance de leur chasteté et de l'harmonie familiale et conjugale. Il est urgent de proposer une nouvelle jurisprudence islamique, visant non seulement à réhabiliter la raison, mais aussi à lui ménager un statut égal à celui du texte révélé « *parce que la raison est également un don de Dieu, une forme de révélation* » et qu'à ce titre, il serait absurde de supposer qu'elle puisse entrer en contradiction avec la parole divine. L'homosexualité ne fait pas toute la personne. La foi peut à cet égard nous aider à ne tomber ni dans la fascination ni dans la diabolisation (deux formes d'absolutisation) de l'homosexualité. En retour, être serviteur amoureux de notre créateur éclaire toutes les dimensions de notre existence, y compris celles qui concernent notre orientation et notre vie affective et sexuelle. C'est dans toute notre existence que nous appartenons à Dieu seul et nous retournerons tous vers lui, et tout en nous est appelé au salut. Nous avancerons vers une liberté intérieure

[28] George Young, *Corps de droit ottoman*, vol. II, Clarendon Press, Oxford, 1905, p. 166-206.

[29] *IDEM*

[30] Abu Zahra, Al fiqh Al akbar, Caire, 1987.

plus grande, qui nous permettra de faire des choix, de consentir à ce que nous avons à vivre, de poser parfois des renoncements. Nous apprendrons à aimer avec plus de justesse, à respecter les autres, à nous respecter, à trouver notre unité en Dieu.

- **Est-il possible d'être musulman et homosexuel ? D'abord c'est quoi être musulman de nos jours ? est-ce par le prénom ou par l'appartenance culturelle ?**

Être croyant, c'est reconnaître que l'on est aimé de Dieu et vouloir devenir disciple de « **Nabiyu rahma** » du prophète de la miséricorde, quels que soient son orientation sexuelle et son état de vie. C'est prendre un chemin de vie, de bonheur, qui n'est pas tout tracé, mais sur lequel on se sait accompagné. Il n'y a pas d'autre condition pour être croyant que de vouloir suivre la droiture, en se mettant à l'écoute de sa Parole et en acceptant de le laisser venir dans sa vie. Dieu s'intéresse à chacun, quels que soient son histoire, sa vie, ses limites, ses talents. A chacun, il dit : « *Certes, Nous avons honoré les fils d'Adam. Nous les transportons sur terre et sur mer et Nous leur donnons de bonnes choses comme nourriture. Nous les avons nettement préférés à plusieurs de Nos créatures.* » (Coran 17/70). Le principe de dignité humaine, en islam, remonte aux fondations mêmes de l'islam.
Être croyant, c'est aussi cheminer avec d'autres croyants au sein du Monothéisme. Il n'y a pas de vie musulmane qui soit isolée.
Cette appartenance au monothéisme peut être ressentie comme difficile, quand ses positions sur l'homosexualité sont en contradiction avec ce que notre conscience trouve juste. Cette tension ne signifie pas qu'il y a incompatibilité entre être chrétien et être homosexuel. C'est un appel pour la personne homosexuelle à creuser, seul ou avec d'autres, davantage le pourquoi de son attachement à l'Amour d'Allah, au-delà de ce qui lui paraît incompréhensible. C'est aussi un appel pour l'islam à interroger sa capacité d'accueillir l'autre quel qu'il soit.
Au-delà des incompréhensions, des préjugés il faut toujours se souvenir que tous, nous sommes des chercheurs de cet Amour divin.

- **Que vise l'interdit : l'amour en lui-même entre deux sexes identiques ou la sodomie ? Si oui dans quel type de fâhicha (péché) est classé la sodomie ?**

A notre époque, quand on parle d'homosexualité, on désigne avant tout de personnes (hommes ou femmes) qui tombent amoureux. Le sodomite de 8000 ans en arrière ne peut être comparé à l'homosexuel de nos jours. Mais le vocable homosexualité sonorise plus chez la partie masculine car il s'agit de deux hommes qui se sodomise l'un l'autre. Le mot « homosexuel » ne renvoie pas uniquement à l'acte sexuel (dans les deux cas) mais avant tout à l'amour que se portent deux personnes : la relation amoureuse et éventuellement charnelle entretenue par deux personnes de même sexe. Il suffit de visiter certains pays pour comprendre que l'amitié est plus forte que l'amour et dans les cultures des pays arabes, d'Afrique, certaines parties de l'Asie, au Maghreb et Europe du Sud-Est (en particulier en Sicile), il est fréquent de voir des amis de même sexe, en signe d'amitié ou de respect, marcher main dans la main, partagent le même lit et nous sommes cependant en droit de nous interroger, sur une religion qui prône l'amour de son prochain. La question qui se pose : est-ce qu'on peut inviter les gens à l'Islam en les haïssant, en les détestant ou en les combattants ? De cette manière est-il possible d'inviter les gens à l'Islam par la sagesse et la bonne parole ? Le Coran nous dit : « *vous, vous les aimer alors qu'ils ne vous aiment pas* ». (Coran 3/119). Ce verset fait la comparaison entre l'amour des musulmans aux non musulmans et le comportement de certains contemporains du prophète parmi les non musulmans tout comme le verset prouve l'admission des non musulmans ; le verset ne finit pas par interdire d'aimer le non musulman entant qu'humain et lui souhaiter le bien. La tradition coranique ventile les péchés en trois catégories qui sont, par ordre décroissant de gravité :

- *El Ithm* : (le crime contre Dieu), notamment le polythéisme et l'arrogance (*ou orgueil*) ; *El kabîra* : Le péché capital ;
- *El Fâhicha* : l'acte dépravé.

La sodomie relève du dernier groupe[60]. Cette schématique bienveillance se trouve confirmée par un hadith célèbre qui énonce les sept terribles péchés (*mūbiqâtes*) : ni l'homosexualité, ni la sodomie n'en font partie. **Al-Ḏahabī** (Damas, Le Caire et autres lieux, XIVème siècle) donne la définition du péché capital (*kabīra*) : ce qui est fustigé d'une peine légale ici-bas ou qui mène un risque (*wa'īd*) dans l'au-delà. Une catégorie de péchés est plus grave que d'autres. Mais, selon un hadith d'**Ibnᶜ Abbās,** les **mūqibātes** ne seraient pas sept mais plutôt soixante-dix. Dans une citation, le prophète de l'Islam nous déclare : « *Fuyez les sept péchés qui précipitent en Enfer. » On demanda : «* Quels *sont-ils ô messager ?* ». Il répondit : *« Associer quelque chose à Dieu (Shirk), recourir à la magie, tuer quelqu'un alors que Dieu l'a interdit, pratiquer l'usure, dilapider la richesse de l'orphelin, trahir son pays, calomnier les personnes chastes et innocentes. »*

Si nous procédons à un classement, la sodomie apparaît en onzième position dans l'ordre des péchés majeurs. Le sodomite garde la possibilité de se repentir. Pour **Abū Ḥanīfa**[31], *« il n'y a fornication que par l'introduction de l'orifice antérieur exclusivement et il applique la même peine au coupable et à la coupable »*.

Ce qui signifie que la sodomie, pour **Abū Ḥanīfa**, est exclue de l'incrimination de fornication en tout cas, la sodomie hétérosexuelle. Mais il est minoritaire sur ce point. **AlMāwardī**[32] (974) rédige son traité de droit à la demande du calife. Le paragraphe concernant l'homosexualité figure dans le chapitre XIX sur les crimes et délits, où il forme une sorte d'annexe au développement consacré au crime de fornication (*zinā*). Il n'est pas inutile de prendre connaissance de la définition que le juriste donne de cette dernière et de la peine encourue, car la sodomie, comme nous l'avons dit, n'en est qu'une manifestation particulière[27] : « *Elle consiste en l'introduction, par un individu pubère et ayant sa raison, du gland de sa verge dans l'un ou l'autre des orifices antérieurs ou postérieurs de quelqu'un avec qui il n'a pas de liens de protection, et sans excuse plausible* »[28]. Il y a donc divergence entre les 4 écoles essentielles sunnites[33] les plus dominantes dans le monde : hanbalites, malékites et chaféites d'un côté, hanéfites de l'autre, sur la gravité de l'infraction et sur ses conséquences pénales. On voit ici qu'**Abū Ḥanīfa**[33] est logique avec lui-même : si l'acte de sodomie ne qualifie pas la

[31] Al fiqh Al akbar n'est pas un ouvrage d'Abu Hanifa, cela est assez bien connu, même dans les cercles traditionnels. Abou Hanîfa est le premier à avoir « défini un ordre légal sur la base d'une interprétation des sources qui fait appel au jugement humain (en arabe *râ'y*, non pour se substituer à la révélation, mais pour faire un emploi plus complet des sources révélées. Sa méthode n'est pas seulement exégétique, mais spéculative

[32] Connu en Europe sous le nom d'**Alboacen**, **al-Mawardi** ou le conseillé des califs notamment le calife Al Qadir, qui gouvernera près de 40 ans, Al Mawardi entamera une longue carrière de conseiller gouvernemental. , est l'un des penseurs les plus marquants de l'époque abbasside. Diplomate et savant de l'adab, il restera dans les annales de l'histoire grâce à ses travaux sur la pratique politique

[33] Abu Zahra, Al fiqh Al akbar, Caire, 1987.

fornication, l'homosexuel masculin échappe à la peine prévue. Ne parlons pas de l'homosexualité féminine, non évoquée : comme il ne saurait y avoir pénétration, la lesbienne ne peut pas être considérée comme une fornicatrice. Voilà une première chose. Qu'est-ce qui est interdit ? la sodomie ou l'Amour entre les deux sexes identiques ? Le Coran désapprouve la sodomie sur sa propre épouse pour une raison sanitaire. Pourtant, cette pratique existait avant la révélation de ce verset. « *Ne sodomisez pas vos femmes* ». Même cas pour la femme en état de menstrues. Il est prohibé de la pénétrer : « *Ils t'interrogent sur les menstrues. Dis : c'est une impureté, écartez-vous (ne pénétrez pas vos épouses) des femmes pendant les règles, et ne les approchez pas jusqu'à ce qu'elles se purifient* » (Coran 2/233). Il en est de même pour celui qui abuse sexuellement des animaux : « *Dieu maudit celui qui a des pratiques sexuelles avec les animaux* ».

Le Coran appelle-t-il à condamner ceux qui ont une autre orientation sexuelle ?

Les valeurs majeures en Islam, telles que les droits de l'homme sont toujours respectés. L'Islam se conduit avec l'Homme dans le respect de sa grandeur tel qu'il dispose dans ses lois de manière distinguée et accompli que la charte universelle de droit de l'homme : « *certes nous avons honoré les fils d'Adam Nous les transportons sur terre et sur mer et Nous leur donnons de bonnes choses comme nourriture. Nous les avons nettement préférés à plusieurs de Nos créatures.* » (Coran 17/70) ». En englobant les différentes religions, et orientations culturelles, politiques, ou sexuelles, l'islam recommande l'instauration de la solidarité sociale tout en leur garantissant les chances à la liberté dans un climat de tolérance et cohabitation entre les citoyens égaux d'une même société. Le Coran n'a jamais appelé à condamner les personnes pour leur orientations sexuelles[34]. Il nous appelle dans de nombreux versets à s'occuper de soi-même et à lutter contre son propre égo, travail que doit mener l'homme durant toute sa vie.

[34] Le sujet est davantage abordé les siècles suivants. Au XVe siècle, l'Égyptien **Al-Suyūtī** se penche sur le sujet. Le XVIIIe siècle — qu'accompagne la renaissance de mouvements religieux, dont le radicalisme (salafistes, frères musulmans.), cherche à e a e la dissolutio des œu s ue l'o d sig e alo s o e ta t espo sa le de la d ade e des so i t s
musulmanes. Cette évolution s'accroît aux XIXe et XXe siècles, à partir desquels le discours sur la sodomie reste fortement attaché à l'idée de maladie et, par voie de conséquence, à la mort

« *A réussi, certes celui qui la purifie. Et est perdu, certes, celui qui la corrompt.* » (Coran 91/7-10) ; « *Dieu n'a que faire de vous châtier.* » (Coran 147/4). Rappelons ce passage qui interpelle l'objet de la mission prophétique : « *Et nous ne t'avons envoyé qu'en miséricorde pour l'univers* » (Coran 21/107).

La liberté individuelle est affirmée par le Coran qui ne permet pas une quelconque surveillance. Le Coran nous recommande : *« Ne vous espionnez* pas *les uns les autres. Ne cherchez* pas *les défauts des uns et des autres. Ne médisez pas les uns des autres* »[35] (*Coran* 49/12). Toutes les garanties sont prises pour préserver les droits de l'individu et de la société. Si l'Islam se répand à travers le monde, c'est uniquement par la voie de la sagesse et des arguments indiscutables, non par la violence et la colonisation. A ce propos ce verset nous indique cet enseignement : « *invite à la voie de ton seigneur par la sagesse et la bonne exhortation* ». Un homosexuel agréable avec ses parents et le voisinage est meilleur qu'un autre qui ne respecte pas les parents ni le voisinage. Seul Dieu jugera les gens selon leurs actes le Jour du Jugement. Tous les péchés en islam n'ont pas la même valeur. De nos jours, certains s'imaginent que devenir homosexuel ou hétérosexuel est un châtiment de Dieu contre ces individus. Mais, Dieu *est plus proche de nous* et nous aime quels que soient nos défauts ou nos fautes. Dieu nous appelle à vivre avec lui sans déterminer une orientation sexuelle quelconque : « *Nous avons effectivement créé l'homme et Nous savons ce que son âme lui suggère et Nous sommes plus près de lui que sa veine jugulaire.* » (Coran 67/13). Dans une citation

prophétique : « *Une prostituée issue du peuple des enfants d'Israël vit un chien tourner autour d'un point d'eau et qui était sur le point de mourir de soif car incapable d'atteindre l'eau. Elle décida alors de prendre son chausson afin de le remplir d'eau et ensuite elle l'abreuva. A la suite de cela, Allah lui pardonna ses péchés grâce à son geste* ».

---

[35] Abu Zahra, Al fiqh Al akbar, Caire, 1987.
Al fiqh Al akbar n'est pas un ouvrage d'Abu Hanifa, cela est assez bien connu, même dans les cercles traditionnels. Abou Hanîfa est le premier à avoir « défini un ordre légal sur la base d'une interprétation des sources qui fait appel au jugement humain (en arabe *râ'y*, non pour se substituer à la révélation, mais pour faire un emploi plus complet des sources révélées. Sa méthode n'est pas seulement exégétique, mais spéculative

[33] Connu en Europe sous le nom d'**Alboacen**, **al-Mawardi** ou le conseillé des califs notamment le calife Al Qadir, qui gouvernera près de 40 ans, Al Mawardi entamera une longue carrière de conseiller gouvernemental. , est l'un des penseurs les plus marquants de l'époque abbasside. Diplomate et savant de l'adab, il restera dans les annales de l'histoire grâce à ses travaux sur la pratique politique

La crise de l'exégèse coranique est apparue très tôt après la mort du prophète de l'Islam. L'obstacle exégétique était quasi-saturé par les célèbres exégèses d'**al-Tabarî, al-Qurtubî, Ibn Kathîr, Ibn 'Atiyya, al-Zamakhsharî.** Elles étaient elles-mêmes saturées de fables et d'historicismes (**asbâb al-nuzûl**), mais elles acquirent un halo de sacralité tel « *qu'il fut impossible aux grands réformateurs de l'époque, tels que* **Ibn Taymiyya, Ibn al-Qayyim** *ou* **Ibn Hazm,** *de rien changer* » malgré leurs travaux de décantation.

Pourtant, les approches modernes du Coran sont longuement exposées et commentées par l'érudit de l'Islam **Nasr Hâmid Abû Zayd**[36](1943-2010) qui figure parmi les théologiens libéraux les plus connus de l'islam. Son œuvre aspire à une interprétation humaniste du Coran. Mais, il a été visé par l'apostat des frères musulmans et condamné à mort par ces derniers « *chez qui se sont mêlés le pire produit de l'orientalisme et ce que notre tradition a donné de plus mauvais. Parallèlement aux diverses interprétations du texte coranique ont été déployés des efforts innombrables pour saisir les secrets du miracle, du prodige coranique* ».

Dès le Xème siècle, la jurisprudence musulmane a fait remarquer que les « peines légales » *hudûd* constituent l'infime partie du droit pénal islamique, en comparaison des peines laissées à l'appréciation du juge ou des responsables politiques (*ta'zîr*, pl. *taâzîr*). Seuls 5 versets sur les plus de 6236 qui composent le Coran déterminent des peines en cas de vol, d'adultère, de calomnie, d'acte de guerre et de crime – encore que certaines peuvent être abolies en cas de *tawba* (repentir).

L'exemple de la condamnation des homosexuels au non des lois religieuses relève plus d'une invention humaine nourries par la haine et les cultures d'origines que de la prescription divine. Certes ce droit pénal ne constitue à son tour qu'une partie de l'ensemble des lois du droit islamique public ou privé ou de la sharia rédigée au cours du

[36] Il figure parmi les théologiens libéraux les plus connus de l'Islam. Il a été condamné dans un procès fondé sur la hisba. Après la décision de la Cour Égyptienne, et sous la menace de mort de groupes fondamentalistes, il s'enfuit aux Pays-Bas, où il est est jus u'à so d s.

Xème siècle. Ces juristes musulmans souvent passent à côté de nombreux passages coraniques ou citations prophétiques, notamment cette parole en même temps une règle juridique stipulant qu'il ne doit y avoir « *ni préjudice contre soi ni action nuisible à autrui* » (la *dharar wa lâ dhirâr*) – où donc l'intérêt propre est pris en considération dans la limite des torts susceptibles d'être portés à autrui.

Qu'en est-il de la transsexualité, sujet encore très peu abordé ?

Ils sont nombreux ceux qui confondent transsexualité et intersexualité, un être dont il est impossible de déterminer comme étant mâle ou femelle, « *Khuntha muchakkel* » (l'intersexué) dans le droit musulman. Aujourd'hui, beaucoup de transsexuels effectuent des changements pour des raisons non médicales.

Comme le cas du.

La transsexualité est un processus assez complexe. Il y a des raisons valables et non valables qui fondent le changement de sexe. Quand il y a confusion génétique et anatomique de l'identité sexuelle chez un individu, cela peut aboutir au choix de la transsexualité. C'est une question qui doit être traitée au cas par cas : *« Le changement de sexe ayant été admis à l'égard des transsexuels, il est à se demander si les intersexués peuvent revendiquer la mention de «* sexe neutre *» sur leur état civil au nom du droit au respect de la vie privée et familiale protégé par l'article 8 de la Conv. EDH. »*

L'homosexualité est-elle un obstacle à ma relation à Dieu ?

L'homosexualité peut être ressentie comme un obstacle pour être en relation avec Dieu. Dans ce cas, il est important de regarder d'où vient ce ressenti, ce qui le nourrit, comme des habitudes, des coutumes, des cultures et aussi ce qui pourrait aider à en sortir.

Le saint Coran nous apprend que ce qui fait obstacle à la relation avec Dieu, est (**Shirk**) (Associer avec Dieu une autre divinité). Le coran nous dit explicitement : « *Certes, Dieu ne pardonne pas qu'on Lui donne quel qu'associé. A part cela, Il pardonne à qui Il veut.*" (Coran 04/

48). Quant au peuple de **Loth,** Dieu ne leur a jamais retiré leur titre de croyant mais le texte les a clairement qualifiés de peuple ignorant : « *Et* **Loth** *quand il a dit à son peuple : vous livrez-vous à la turpitude alors que vous savez ? Allez-vous assouvir vos désirs avec des hommes au lieu des femmes ? Mais vous êtes plutôt un peuple d'ignorants* » (Coran 27/54-55).

Le châtiment infligé au peuple de **Loth** ne concernait pas l'orientation sexuelle mais plutôt leurs idolâtries, leurs crimes et les viols perpétrés. Dieu voulait leur demander en quel Dieu ils croyaient. Il peut y avoir un certain confort à rester sur une image d'un Dieu dur et impitoyable, quand cette image fait partie de notre univers et nous maintient dans un sentiment d'indignité. Quand la culpabilité devient excessive, n'est-ce pas l'indication que Dieu serait d'abord comme le miroir des interdits et des contraintes que notre psychisme a accumulés depuis notre naissance ? Ne projetons-nous pas alors en lui nos peurs sous forme d'exigences de perfection, de parfaite rectitude sous peine d'abandon, de colère, de condamnation ? Certains discours religieux entendus ici ou là ont pu conforter ces images. Nous pouvons aussi, insidieusement, les rechercher. À l'opposé, sommes-nous prêts à nous mettre à l'écoute de Celui qui a quelque chose à nous dire sur Dieu : « *Notre créateur est venu révéler pleinement qu'il est à l'écoute* ». Nous laisserons-nous accueillir par sa miséricorde : *« Et quand Mes serviteurs t'interrogent sur Moi. Alors Je suis tout proche : Je réponds à l'appel de celui qui Me prie m'interpelle* ». (Coran 2/186). Il y a là un passage très important à vivre dans la foi. Si nous croyons que l'homosexualité est un obstacle pour notre foi, si ce que nous vivons dans l'homosexualité nous semble incompatible avec Dieu, mais si en même temps nous sentons le désir de nous rapprocher de lui, nous devons laisser Dieu nous accueillir. Nous pouvons le laisser prendre soin de nous en lui ouvrant simplement notre cœur, en lui confiant humblement notre désir de le connaître et en demandant à l'Esprit Saint de nous accompagner dans cette démarche.

Après, il nous aidera à avancer !

- **Accepter l'homosexualité de mon enfant va-t-il m'éloigner de l'Islam ? Dois-je rendre des comptes le jour du jugement dernier pour le choix sexuel de mon enfant ?**

De nombreux passages mentionnent que chaque être est responsable et maitre de ses actes : « *[...] chacun étant tenu responsable de ce qu'il aura acquis* » (Coran 52/21) ; « *[...] personne ne portera le fardeau (responsabilité) d'autrui. [...]* » (Coran 6/164). Ainsi, l'homme ne sera pas tenu pour responsable du péché d'autrui s'il ne l'a pas commis lui-même. Le fardeau désigne ici le péché. Cela fait partie de la justice divine que de ne pas faire porter à un innocent le péché que quelqu'un d'autre à commis. Le coran nous demande que la priorité soit de **«** *Préservez* vos *personnes et* vos *familles.* » (Coran 6/66).

Pour un musulman, il n'est pas facile d'accepter son homosexualité, ni celle de son enfant ou d'un proche. Il semble a priori incompatible d'être à la fois croyant et homosexuel. Encore faut-il savoir ce qu'on entend par « accepter » : cela signifie-t-il se conformer à une « vie homosexuelle » et changer de vie, couper le lien familial ou bien est-ce tout simplement rester silencieux, accepter l'orientation de son enfant en étant bienveillant et faire la paix en soi ?

Il y a des discours pas toujours faciles à entendre. La jurisprudence musulmane, telle qu'elle est conçue au XXème siècle, perçoit l'homosexualité comme étrangère à la « loi naturelle » et le texte coranique comme les autres textes de la bible caractérisant les actes homosexuels du peuple de « Sodome » avec répulsion, cela pour de nombreuses raisons que nous allons développer plus loin. Mais, les discours dominants homophobes de certains prédicateurs n'ont jamais été la volonté de Dieu. Comment peut-on faire croire que Dieu lui-même condamne l'homosexualité ? À première vue, en acceptant l'homosexualité de son proche, on risque de s'éloigner de son créateur et donc de sa foi. Certes, l'Islam rappelle avec force à notre société qu'homosexualité et hétérosexualité ne peuvent être situées sur le même plan. Mais, ce faisant, elle n'entend condamner personne, d'autant plus qu'on ne choisit pas son orientation sexuelle. Les textes coraniques mettent en avant d'être en adéquation avec soi-même, ne pas chercher à se masquer au regard de Dieu. Postérieurement, on peut craindre qu'en s'acceptant, on se laisse tenter par le péché ou imiter l'autre aveuglement dans sa manière de vivre. Mais, accepter nos faiblesses humaines, c'est faire la vérité en soi et devant Dieu, c'est se reconnaître tel que l'on est, sans se mentir, alors que le péché, c'est l'agrément au mal : « *Par Celui qui détient mon âme dans Sa main* ! *Si vous ne commettiez pas de péchés, Allah vous aurait fait disparaître et remplacés par un peuple qui commet des péchés. Ceci afin qu'ils implorent le pardon d'Allah, Exalté soit-Il, et qu'Il les pardonne.* » (Citation prophétique). Se regarder en face, regarder cette part de soi-même qu'on n'osait ou qu'on ne pouvait pas voir, n'est-ce pas ce que nous demande le créateur ?

Enfin, on peut se demander si accepter l'homosexualité de mon proche ne rapproche pas en réalité de Dieu. Faire la vérité en soi oblige toujours à changer l'image qu'on a de lui, en découvrant un Dieu très Miséricordieux, qui, loin de nous rejeter et de nous punir pour des choses qui sortent de nos aptitudes, nous aime tels que nous sommes et tels que sont nos enfants : « *Nous sommes plus* près de *l'homme que sa veine jugulaire* » (coran, 50/16). Dieu est venu partager notre vie, nos difficultés, nos réalités humaines. Il a porté et continue de porter sur chacun de nous un regard d'amour. Il nous aime éternellement. Nous n'avons pas besoin d'altérer notre identité, notre philosophie, notre orientation sexuelle ou politique pour être aimés de lui : « *Ne vois-tu pas que Dieu sait ce qui est dans les cieux et sur la terre ? Pas de conversation secrète entre trois sans qu'Il ne soit leur quatrième, ni entre cinq sans qu'Il n'y ne soit leur sixième, ni moins ni plus que cela sans qu'Il ne soit avec eux, là où ils se trouvent. Ensuite, Il les informera au Jour de la Résurrection, de ce qu'ils faisaient, car Dieu est Omniscient.* **»** (Coran 58/7). De même, en s'acceptant tel que l'on est et en s'apercevant que l'on n'en est pas moins aimable aux yeux de l'Islam, on découvre aussi un autre visage de Dieu, un Islam de miséricorde dans laquelle tout homme a sa place. Un Islam qui n'est pas d'abord une institution ou une communauté de gens parfaits, mais un peuple d'hommes et de femmes en chemin, en voie de la reconnaissance de leur faiblisse en tant qu'être. Même si on pouvait s'attendre à voir l'Islam comme celui qui prononce un jugement moral personnel, on peut le voir aussi comme celui qui nous accueille avec les mains de la sagesse, celui qui nous pousse à donner une parole d'espérance à nos proches, à les regarder comme des frères et des sœurs et non comme des ennemis. Pour finir, l'approbation, loin d'éloigner de la foi, exhorte à créer l'harmonie en soi et en famille, à (ré)concilier foi et homosexualité et à ne pas vivre divisé, coupé en deux car l'ensemble peut être concilié.

- **Pourrait-il accomplir les cinq piliers de l'Islam (prières, ramadan, pèlerinage à la Mecque) ?**

Aucun savant ne peut statuer ni prendre la responsabilité de trancher sur ce sujet, lié à l'acceptation des pratiques de l'Islam, car il appartient à Dieu seul de juger et de trancher. En Occident, comme dans les pays d'Islam, l'approche à la pratique des homosexuels est devenue un défi considérable. Des interrogations s'érigent sur l'accès au ramadan, aux mosquées, au pèlerinage à la Mecque pour les homosexuels. Quelques-uns se sont vus contester l'absolution parce que leur chemin vie ne convient pas aux exigences de la législation islamique. Rappelons-nous certains points de vue extrémistes sur la femme non voilée, sur celui qui ne fait pas ces prières obligatoires, celui qui consomme des boissons alcoolisées, celui qui joue aux jeux de hasard : cela peut compromettre leur jeûne du ramadan. Celui qui ne pratique tout simplement pas l'Islam est excommunié de l'Islam. Les mêmes difficultés peuvent se poser pour les autres religions, quant à la validation des mariages homosexuels. D'autres se demandent si, compte tenu de ce qu'ils vivent, ils peuvent encore communier.

Dans l'accès au *ibâdâtes* (le culte), il y a une dimension personnelle qui ne peut être mêlée à la dimension communautaire. Faire ses prières individuelles ou en groupe, appliquer d'autres formes du culte musulman est une conduite purement personnelle, libre, à laquelle nul ne peut être mêlé. Il a été dit dans une parole divine : « *Tout acte du fils d'Adam lui revient, sauf le jeûne. Il est certes à Moi et c'est Moi qui le rétribue* ». Toutes les bonnes œuvres, qu'il s'agisse de paroles ou d'actes, qu'elles soient cachées ou apparentes, sont liées de droit à Allah. Il n'existe pas d'intermédiaire consacré entre Dieu et l'être. C'est de Dieu seul que l'on attend la bénédiction et non d'un intermédiaire consacré. Entre l'homme et la divinité s'établit une tension le plus souvent dynamisante. On a un projet et la proposition de Dieu ouvre à un parcours qui va au-delà de ce que l'on imaginait : « *Ne désespérez point de la miséricorde de Dieu* ». Mais, quand la tension religieuse se transforme en impossibilité pour la démarche personnelle de s'accomplir, que faire ? La condition de vie de la personne constitue-t-elle un désaccord majeur avec son engagement avec Dieu ? L'harmonie est-elle envisagée au vu des conditions coraniques d'ouverture à Dieu, de service des autres, de liens avec une communauté musulmane ? La personne qui demande un rite religieux quelconque aura à cœur d'entrer dans le dialogue, même si elle peut ressentir de prime abord un sentiment d'injustice d'être « limitée » au vu de son état de vie – par exemple quand elle vit en couple avec une personne de même sexe. Elle essaiera de comprendre les raisons qui posent des problèmes. Ce mécanisme représentera pour elle un appel à croire, à faire confiance parfois dans une certaine durée. Mais, Dieu ne demeure pas sourd, il est l'Entendant quand on l'appelle avec persévérance. Il répondra, d'une façon ou d'une autre. N'est-il pas dit dans le

Coran que Dieu entend toutes les voix faibles et fortes et aucune voix ne le préoccupe au détriment d'une autre ? Il entend la parole malgré la diversité des langues et la diversité des besoins. On peut éprouver un authentique désir de pardon à Dieu, mais face à l'amour et à la grâce de Dieu qui se manifestent dans notre cheminement, nul ne peut se prétendre en mesure de revendiquer quoi que ce soit.

- Dois-je rendre des comptes le jour de jugement dernier pour le choix sexuel de mon enfant ?

-

« *Nous n'adorons pas Allah par peur de Son enfer ni par désir de Son paradis mais par amour pour Lui* ! » (**Rabia adawiya**[37](714-801). Cette mystique nous pousse à aimer Dieu uniquement pour lui, au-delà de toute crainte ou attente, de toute peur de l'enfer ou désir du paradis. Ainsi, elle célèbre l'ardeur de l'amour désintéressé de Dieu : « *Dieu, (...) si c'est par crainte de l'enfer que je Te sers, condamne-moi à brûler dans son feu, et si c'est par l'espoir d'arriver au paradis, interdis-m "en l'accès ; mais si c'est pour Toi seul que je sers, ne me refuse pas la contemplation de Ta face* ». Certains formulent la même idée comme suit : « *En vérité, celui qui adore Allah en raison de sa peur de Son*

feu L'adore à la manière des esclaves. Celui qui L'adore par désir de Son paradis L'adore à la manière des commerçants ».

Depuis la nuit des temps, le discours religieux utilisé par les intégristes est celui de la peur, attisant la haine et créant précisément l'« instabilité» et l'«insécurité» en prétendant hypocritement vouloir sauver les gens de l'enfer, à savoir. Ils touchent les faibles avec la « culture de la peur », une peur sourde, profonde, irrationnelle, enfantine, comme le croquemitaine qui mange les enfants. Les arguments tirés du Coran et de la tradition prophétique démontrent clairement que la législation islamique n'a pas pour ambition d'imposer aux gens des pratiques pénibles, ni difficiles, contrairement à ce que beaucoup de détracteurs, voulant séduire les gens de l'Islam, laissent entendre : "*Dieu n'impose à aucune*

[37] **Rabia Al Adawiyya,** aussi appelée **Rabia Al Basri** est o sid e o e la p e i e sti ue de l'islam et plus particulièrement du soufisme. Son arrivée à une époque où la plus grande partie du monde connu avait été conquise par les musulmans. L'u e des soues les plus oues, Le mémorial des saints **(en)**, de Farid al-Din Attar, date du XIIe siècle

âme une charge supérieure à sa capacité" (Coran 2- 286) ; *Dieu veut vous faciliter l'accomplissement de vos devoirs religieux et vous éviter la gêne»* (Coran 2/185) ; « *Dieu ne veut pas vous imposer quelque gêne, mais Il veut vous purifier et parfaire sur vous Son bienfait. Peut-être serezvous reconnaissants"* (Coran 2/56). A ce propos, le prophète de l'Islam nous déclare : « *Rendez les choses faciles aux gens, ne les rendez pas difficiles, rassurez-les par de bonnes nouvelles et ne les repoussez pas* ». (Hadith rapporté par **Al-Boukhari**) ; « *La religion en principe est de pratique facile. Que personne ne cherche à être trop rigoureux dans l'observance de la religion sinon il succombera à sa tâche. De ce fait, restez dans un juste milieu en cherchant à vous rapprocher de la perfection. Ayez bon espoir et aidezvous par la prière du matin, du soir et un peu aussi pendant la nuit* » (récit prophétique rapporté par **Al-Boukhari**).

Un parent musulman, pratiquant, d'une grande sagesse, surpris et choqué du choix sexuel de sa fille, me fit cette réflexion : « *Pendant longtemps, je ne supportais pas cette douleur. Petit à petit, je m'y suis fait. La 1ère fois, c'était hyper douloureux, et les fois suivantes ça allait. Je fais un énorme travail sur moi et j'ai appris à accepter son choix pour 3 raisons essentiellement : 1- Je serais amené à souffrir tout le reste de ma vie, alors autant accepter ; 2- Dieu absout tous nos péchés quand on est triste, effrayé, stressé, fatigué, c'est un mal pour un bien ; 3- Dieu ne m'en voudra jamais car j'ai fait mon devoir éducatif durant toute son enfance* ». Plusieurs fois, il s'est demandé *: "Quand vais-je vivre la prochaine souffrance avec mes autres enfants ? Comment vaisje encaisser les coups ? J'avais l'impression que ça allait durer une éternité et que je ne pourrais pas m'en sortir. Aujourd'hui, le reste de mes filles ont des compagnes hommes. Dieu merci, mais je ne me sentais pas capable de tourner la page ni même d'affronter cette épreuve en face-à-face. Pourquoi certains arrivent à passer le cap, quand pour d'autres, ça revient à déplacer des montagnes ? Affronter les problèmes, ça veut dire qu'on peut "perdre" ou "gagner[38]» ?*

- **Etant homosexuel, que faire si un imam me refuse la foi ?**

Un imam n'a aucune autorité religieuse et ne possède que le verbe. De leur côté, les vrais imams formés accueillant les demandes des fidèles, doivent faire preuve d'une grande

[38] George Young *Op Cite.*

discrétion sans avoir le droit de mettre le nez dans la sexualité de ces derniers. S'ils profèrent des propos homophobes, vous avez tout à fait le droit de porter plainte contre eux aux autorités locales. Techniquement, en Islam, l'individu n'est pas tenu de confesser ses péchés devant un être humain, même s'il s'agit d'un imam. Il n'a de compte à rendre à

personne hormis le créateur : « *C'est Lui qui détient les clefs de l'Inconnaissable. Nul autre que Lui ne les connaît* » (Coran 6 :59). Dans l'islam comme dans toute autre religion, le secret est avant tout associé au mystère incessible de Dieu. Le Coran, en tant que Parole divine révélée au prophète

Muhammad dans une langue humaine, en l'occurrence l'arabe, en est le rappel permanent. Pour le croyant, le texte coranique est chargé d'une capacité perpétuelle, a relation directe et personnelle entre Dieu et le chercheur de vérité. L'islam connaît aussi un autre usage : l'économie du secret que nous pouvons appeler le « secret initiatique », c'est-à-dire le secret qui n'est pas très facile au commun des hommes, mais dont la garde et la transmission incombent à une personne spécialement habilitée. Les cinq piliers de l'Islam constituent une nourriture bénéfique accordant d'avancer sur le chemin de Dieu. Une citation prophétique déclare : « *Et celui qui couvre un musulman* Dieu *le couvre dans l'ici-bas et dans l'au-delà* ».

Dans le cas où une personne, homosexuelle ou autre, décide par fidélité aux recommandations d'aller faire son pèlerinage à la Mecque, il est préconisé de ne pas dévoiler son orientation sexuelle car cela ne peut que le préjudicier dans ces actions.

- **Quel comportement doit-on adopter avec un proche homosexuel ?**

L'enseignement de l'Islam nous incite à entretenir de bonnes relations avec autrui, au même titre que les cinq piliers. Le croyant se doit d'adopter par tous les moyens un comportement noble, c'est-à-dire, le meilleur. La noblesse de chaque chose est ce qui est bon en chaque chose et ce qui en émane. L'Islam recommande d'entretenir de bonnes relations envers les parents, envers les épouses, les enfants, envers les proches, envers les voisins, envers les collègues, envers les employés et les employeurs, envers les voyageurs, envers les pauvres et les nécessiteux, envers les musulmans et les non-musulmans, envers tout le monde, même ses propres détracteurs.

L'Islam enseigne de ne jamais cesser d'espérer. Ceux qui sont nos ennemis aujourd'hui sont susceptibles de devenir nos amis demain. Un musulman doit essayer de transformer ses ennemis en amis et non pas le contraire. Le Coran dit : *« Il se peut que Dieu établisse de l'amitié entre vous et ceux d'entre eux dont vous avez été les ennemis. Et Dieu est Omnipotent et il est certes Pardonneur et Très Miséricordieux »* (Coran 60/7).

Se voir rejeter la foi quelle que soit son orientation sexuelle est éprouvée comme une humiliation violente accompagnée d'un sentiment d'injustice. On se trouve brusquement comme rejeté par les siens, qui devraient être notre assistance et prendre soin de nous. Certains sont choqués au point de briser leur lien avec l'Islam, si ce n'est même avec la foi, puisque cette exclusion de la part des représentants de Dieu peut être comprise comme un rejet de la part de Dieu.

Nous avons un meilleur exemple du prophète de l'Islam. Un homme, prénommé **Abdoullah**, aimait tant Dieu et Son messager que le Prophète déclara, à son sujet : « *En vérité, il aime Dieu et Son Messager.* » (**Sahih alBoukhari**). **Abdoullah** aimait énormément le Prophète parce qu'il ne l'a jamais jugé pour son alcoolisme. Il se faisait une joie de lui offrir des produits raffinés importés de Médine. Lorsqu'une caravane marchande arrivait avec des produits comme du beurre ou du miel, il en achetait pour le lui soumettre. Plus tard, quand le marchand exigeait d'être payé, **Abdoullah** le conduisait chez le Prophète et disait au marchand *: « Donne ton prix à cet homme »*. Le

Prophète de l'Islam disait alors : *« Ne me l'as-tu pas offert en cadeau »* ? Et **Abdoullah** répondait : « *Oui, ô messager de Dieu ; mais je n'ai pas les moyens de le payer* ». Les deux se mettaient alors à rire et le Prophète payait le marchand. C'était là le mode de relation indéfectible et décontractée qui liait **Abdoullah** au Prophète. Il faut dire, cependant, qu'**Abdoullah** était un alcoolique. Souvent, il était si ivre que, inapte à marcher, il devait être conduit jusqu'au Prophète, afin que ce dernier le censure pour ivresse publique et, chaque fois, il demandait qu'on lui exécute le châtiment décrété pour une telle impiété. Cette scène se répétait de façon constante.

Après qu'**Abdoullah** venait de percevoir un énième arrêt pour le même péché, un des compagnons du Prophète dit : *« Que Dieu le maudisse ! Combien de fois a-t-il déjà reçu cette sentence*

» ! Cependant, le Prophète réprimanda les compagnons en leur disant : *« Ne le maudissez pas, car je jure, par Dieu, que tu n'as aucune idée à quel point il aime Dieu et Son messager.* » (**sahih al-Boukhari**) Puis, il ajouta : « *N'aide pas le diable contre ton frère* ».
Autrement dit : « *n'excluez personne dans la société* ».
Il y a beaucoup à apprendre de cette position intellectuellement stimulante du Prophète, auquel il est intéressant de réfléchir au lien affectueux qui les assemblent, en dépit des péchés d'**Abdoullah**. Bien que **Mohamed** fût un prophète, cela ne l'abstenait pas d'être l'ami d'un ivrogne, de plaisanter et de rire avec lui. Le prophète en personne a gardé l'amitié d'une personne alcoolique, il ne s'agit pas d'un péché vulnérable mais l'alcool est nommé dans la jurisprudence et dans la tradition prophétique **Umu l khabâ'ith** (la mère des impuretés) car il mène à la fornication, au viol, aux agressions, à l'homicide, au mensonge, à la violence, aux accidents mortels, à la destruction de familles entières et est la cause de l'altération de la raison.
Dans la société éduquée par le Prophète de l'Islam, les gens n'étaient pas compartimentés, comme c'est le cas de nos jours, entre les pieux et les pécheurs, les homosexuels et hétérosexuels etc. Il y a une place pour tous : « *L'une des œuvres les plus aimés de Dieu est d'apporter la joie dans le cœur de l'autre*[39] ». Nous discutons, ici, d'une société homogène,

composée de personnes se trouvant à divers degrés de piété. Quelques un était très vertueux, d'autres plus modérés, tombant plus facilement dans les erreurs humaines. Mais, nul ne vivait à l'écart et nul n'était exclu. Chacun faisait partie de la société à sa façon. Lorsqu'un membre de la société commettait une faute, les conséquences de sa faute demeuraient limitées. Nul n'était désocialisé, les chances de voir le péché croître étaient légers. Quand une personne commettait une faute, ses frères ne cessaient pas de l'épauler pour autant, au contraire. On lui tendait la main et on l'aidait à aboutir positivement. Une autre leçon qui nous éclaire sur l'attitude du Prophète est l'importance de voir les choses du bon côté. Malgré le fait qu'**Abdoullah** était fréquemment amené devant le Prophète pour ivresse publique, celui-ci porte l'attention sur une des qualités d'**Abdoullah** : il aimait Dieu et Son messager. Tous les croyants aimaient Dieu et Son messager. Toutefois, le

---

[39] Citation prophétique rapporté par at-**Tirmidhî**.

Prophète choisit de louer Abdoullah pour cette qualité. Car ce faisant, il pouvait également cultiver, encourager et fortifier cette qualité chez tous les autres. Il leur rappela également que même si une personne erre, la foi et l'amour de cette personne envers Dieu demeurent intacts. Nous avons la possibilité d'imaginer aisément ce que dut éprouver **Abdoullah** lorsqu'il apprit ce que le Prophète avait dit à son sujet. C'était un honneur que le messager de Dieu dise une telle chose sur lui. Cela dut également lui redonner espoir, malgré sa mauvaise habitude, en lui confirmant que ce qu'il était, essentiellement, comme personne, n'était pas définitivement entaché par le péché. Ainsi, l'enseignement prophétique cherchait à souligner les qualités chez ceux qui commettaient ouvertement des erreurs ou qui avaient un penchant ou une orientation

quelconque.

Il nous arrive d'oublier cette réalité et de traiter les différences de l'autre comme une barrière interdisant tout lien avec la société. Par opposition, l'approche du Prophète inspire la vertu. Lorsqu'on lui rappelait les perpétuelles ivresses d'**Abdoullah**, il répliquait en parlant de l'amour de cet homme pour Dieu et Son messager. Mais, 1500 ans avant notre époque, ce que faisait **Abdoullah**, aux yeux des gens était blâmable. Religieusement parlant, il s'agissait d'un péché parmi d'autres. Mais, boire de l'alcool est un péché majeur et le Prophète avait souvent maudit le vin. Néanmoins, chaque fois qu'il l'avait condamné, le Prophète ne confirma ressentir la moindre haine envers **Abdoullah**, car le censurer plus aurait aidé le diable contre cet homme étant donné la violence et le malheur. Il attire plutôt l'attention de tous sur les mérites d'**Abdoullah** pour faire oublier ses défauts. Cet ensemble de dispositions du prophète envers cet homme est une leçon efficace pour écarter les préjugés. Cela reste un exemple parfait pour ceux qui voient les différences de l'autre comme des parasites, non seulement sur la manière dont nous devons agir les uns envers les autres, mais aussi sur la façon dont une société doit maintenir des liens étroits entre ses membres, afin de ne pas sombrer dans l'exclusion. Dès l'apparition de la psychanalyse, **Freud** (1905)[40] veut déloger l'homosexualité du

---

[40] Lionel Le Corre, L'homosexualité de Freud, 2017 Etude (broché)

registre de la pathologie et du péché. Selon lui, « *l'homosexualité n'est qu'une d'autre forme de la vie sexuelle, le penchant étant d'une grande raideur dans sa quête de plaisir* »[41][42].

Montesquieu puis **Voltaire** et **Cesare Beccaria** au siècle des Lumières[47] estiment ne pas avoir détecter de particularité anormale à l'homosexualité. **Voltaire**, communément apôtre

de la tolérance, s'y trouve farouchement hostile et qualifie même l'homosexualité d'« *attentat infâme contre la nature* », de *turpitude et d'« abomination dégoûtante* ».[39] Certes, les idées préconçues sur l'homosexualité entraînent une conséquence négative, occasionnent l'homophobie, entretiennent chez les homosexuels eux-mêmes des sentiments dévalorisants, entraînant une autocritique permanente. Or, la psychanalyse nous enseigne qu'être homosexuel ou hétérosexuel tient à la spécificité subjective de chacun : « *La sexualité – pas uniquement l'homosexualité constitue pour chaque individu un mystère* ». **Freud** (1920) affirme, « *qu'il serait impossible de transformer par la psychanalyse un hétérosexuel en homosexuel* ». J'invite donc les enfants et leurs parents à avoir le courage de défendre et de revendiquer leur homosexualité. Il m'est arrivé de subir des remarques désobligeantes concernant mon fils, mais, au lieu de réagir, je me fermais parce que, justement, il s'agissait de mon fils. Un parent d'un enfant homosexuel nous déclare : « *Nous, nous ne voulions pas rentrer dans sa vie privée, l'obliger à parler de son intimité, même si plusieurs fois on lui a tendu des perches, des poteaux même, pour lui montrer que nous étions prêts à en parler. Chaque fois il me disait : arrête, tu te fais des*

films » etc. La plupart des homosexuels n'extériorisent pas leur état, tout simplement parce qu'ils savent bien que la société n'est pas prête à les accepter. Ils vont, alors, dans des endroits où ils ne sont pas jugés, mais où ils se sentent plus enfermés dans des sortes de ghettos.

Le moment est venu ou la société -et tout un chacun – doit fournir un effort en allant vers eux et en les acceptant. Nous ne vivons plus au Moyen Age, mais dans une société qui prêche les valeurs humaines, où nous aspirons à une vie meilleure. Ces valeurs de la dignité humaine doivent être mondialisées. On ne se permet pas de refuser ni la vie ni la

---

[41] *Idem*

[42] Michel Porret, L'humanisme pénal de Cesare Beccaria » [archive], sur *LePoint.fr*, 20 février 2013.

[39] La face cachée de Voltaire » [archive], sur *LePoint.fr*, 2 août 2012

dignité humaine à quelqu'un. On ne peut pas tolérer l'intolérance, le fait que l'on maltraite et tue quelqu'un parce qu'il est différent. Il faut être aux côtés des victimes, des humiliés, ne pas devenir complice par le silence. L'injustice nécessite la résistance.

- Que dit la jurisprudence musulmane concernant le troisième genre en islam el khuntha ?

Les termes de « troisième genre » ou de « troisième sexe » désigne soit un individu considéré comme n'étant ni femme ni homme, soit un individu à la fois femme et homme. Dans la plupart des pays musulmans (y compris l'Iran, même s'ils peuvent être opérés), les personnes « transgenres » musulmanes sont toujours discriminées. Une explication plus libre du Coran est que Dieu donne aux gens la responsabilité de conduire une bonne vie en toute liberté. La disparité des sexes créée par Dieu est explicitement affirmée dans la première source de l'islam qu'est le Coran, par exemple dans le verset : « *Comme il a bien créé le mâle et la femme* » (Coran ; 92/ 1-4). Le juriste malékite du XIVème siècle qu'est **Khalīl**[38] se pose la question sur le statut de l'hermaphrodite ou *khunthâ* dans les dernières lignes de son Précis

[38] Sīdī Khalīl, Le presis de Khalīl, Beyrouth, Da el-fikr, 1995, p. 453
[44] *Idem*, p. 453

(*Mukhtaṣar*)[44] qui fait autorité chez les malékites. Même s'il n'existe pas biologiquement parlant de véritable hermaphrodite possédant l'ensemble des appareils sexuels masculin et féminin, le terme est ici utilisé pour traduire la pensée islamique de *khunthâ*, dans le sens parler d'intersexuation serait anachronique.

Ce qui cause des difficultés aux juristes est moins la bivalence sexuelle du bisexué que la nécessité d'avoir à identifier clairement son identité sexuée. Cette nécessité découle du fait qu'homme et femme ne bénéficient pas des mêmes droits d'un point de vue juridique, notamment en matière d'héritage. Pour ce faire, **Khalīl**[51] tente de spécifier les caractères sexuels qui permettent d'expliquer si la(e) *khunthâ* (bisexué) l'hermaphrodite est homme ou femme : émission de sperme, position du méat urinaire, apparition des Menstrues et des seins.

Si, à la puberté, il est impossible de trancher, **Khalīl** affirme que le *khuntha* a droit à sa part d'héritage en tant qu'homme ou femme. Il est donc considéré comme mi-homme et mi-femme. La (e) *khuntha,* perçu comme bi-genré, a de ce fait un statut juridique différent de celui de l'homme et de la femme, proche d'un troisième genre. En conséquence, bien que cela soit méconnu, les juristes ont créé un troisième statut légal [52] pour l'hermaphrodite, qu'on appellerait, aujourd'hui, « intersexe », sans faire référence à une opération de castration qui viendrait sexuer son corps pour qu'il devienne féminin, comme c'est l'hypothèse dans d'autres contextes culturels.

Dans le monde musulman, pour nommer ces figures de « troisième genre », de nombreux termes sont employés qui, par-delà leur pluralité culturelle et historique, détiennent certaines caractéristiques communes qui seront ici mises en lumière. En réalité, en dépit de l'importance dans les pays musulmans de la binarité des genres et de leur séparation spatiale, il existe de multiples figures de « troisième genre », irrégulières selon les pays et les époques. L'efféminé forme, ainsi, une constante, bien que son aspect symétrique, la masculinisée », demeure beaucoup plus rare.

Dans les pays musulmans, il existe divers modèles de « troisième genre » variables selon les pays et les époques (*khuntha, mukhannath, köcek, khawal, hijra, bacha posh, burrneshë*…).

-Que dit le Coran sur Sexe lesbien ou l'homosexualité féminine ?

Il n'y a pas d'interdiction explicite pour des relations amoureuses ou sexuelles entre femmes dans le texte coranique. Il y a que les hommes qui interdisent. Certains commentateurs du coran pensent qu'il s'agit du même degré d'interdiction que le *zinâ* (adultère), crime sexuel répréhensible en dehors du mariage, mais d'autres déclarent peutêtre le juger comme un péché, mais pas comme un délit qui mérite un *hadd* (punition religieuse). Qu'est-ce qui est interdit par ces juristes ? Le fait que deux femmes s'aiment ou les relations sexuelles engendrées par ces relations (*achudhûdh el jinsî*) ? Comme les textes religieux jouent un rôle majeur dans la condamnation de l'homosexualité dans les religions institutionnelles, ils prêtent souvent moins d'attention à l'homosexualité féminine en comparaison à l'homosexualité masculine. Le statut des lesbiennes de confession musulmane en France est triplement minoritaire : minorité culturelle et religieuse, minorité sexuelle et minorité de genre. Mais, ces femmes restent fortes et tenaces face à l'homophobie.

Dans trois autres textes du Talmud de Babylone, il est question de concevoir si des femmes qui ont eu des liens entre elles sont ou non jugées comme des prostituées, ce qui les rendrait impuissantes à épouser un prêtre. Nous lisons de nombreux passages abordant cette question, considérant que les pratiques lesbiennes ne sont que des représentations traditionnelles des autres genres, particulièrement lorsqu'elles s'habillent en homme ou quand elles vivent en couple. Enfreindre le rôle de genre est problématique dans la vie juive traditionnelle pour laquelle le rôle essentiel de la femme s'arrête dans l'éducation des enfants.

Dans le christianisme, l'homosexualité est envisagée comme une perversion païenne et son imputation est explicite : *« Dieu les a livrés* [les païens] *à des passions avilissantes : leurs femmes ont échangé les rapports naturels pour des rapports contre-nature ; les hommes de même, abandonnant les rapports naturels avec la femme, se sont enflammés de désir les uns pour les autres, commettant l'infamie d'homme à homme et recevant en leur personne le juste salaire de leur égarement »* (Romains 1, 26-27).

-Dans les religions autres que l'islam, quand assimile-t-on le crime de Sodome à l'homosexualité ?

Comment a-t-on pu passer de « transgression des traditions de l'hospitalité et de charité » à « condamnation de l'homosexualité » ?

Dans la Grèce antique, berceau de la civilisation, les athlètes couraient nus et cela ne posait aucun problème. La première assimilation du crime de Sodome à l'homosexualité apparaît vers 50 ans avant **JC**. Auparavant, il s'agissait de condamner la transgression des traditions de l'hospitalité et de la charité, qui étaient des valeurs fondamentales des civilisations antiques. C'est une lecture qui va avoir un impact majeur dans la législation et la civilisation judéo-chrétienne, mais aussi dans la civilisation musulmane.

La version coranique est presque identique à celle de la Bible. Des explications ultérieures du Coran ont convenu que "l'abomination" à laquelle font allusion les passages coraniques était une tentative de sodomie (en particulier un rapport sexuel anal) entre hommes. Les péchés du peuple de **Loth** devinrent plus tard proverbiaux et les mots arabes désignaient l'acte de relations sexuelles anales entre hommes. Ensuite, l'on note que le Coran nous communique les trois éléments centraux du compte rendu biblique, à savoir la femme de **Loth** aurait fui avec lui ; elle se serait retournée ; elle aurait été changée en statue de sel[43].

Mais, la femme de **Loth** n'a pas quitté la cité en péril. Les anges envoyés à **Loth** lui tinrent la conclusion suivante, ici attribuée à la traduction standard :

« *Pars avec ta famille à un moment de la nuit. Et que nul d'entre vous ne se retourne en arrière. Exception faite de ta femme…* », S11.V81. « *Or, Nous l'avons sauvé, lui et sa famille, sauf sa femme qui fut parmi les exterminés.* », S7. V83.

La loi juive se prononce assez clairement sur l'homosexualité. La condamnation des pratiques homosexuelles est corroborée par les passages du Lévitique [44] caractérisant d'abomination le fait pour un « *homme de coucher avec un autre homme comme il le ferait avec une*

[43] D. Godard, *Deux hommes sur un c heval. L'hoose ualit as uli e au Mo e Âge*, Béziers, H & O éd., 2003

[44] ; R. E. Zeikowitz, *Homoeroticism and chivalry. Discourses of male same-sex desire in the fourteenth century*, Basingstoke, Palgrave Macmillan, 2003.

femme » (Lv 18,22).[45] Le texte biblique prescrit la condamnation à mort pour un acte associé à l'inceste, la zoophilie, la nécrophilie et à d'autres pratiques prêtées aux idolâtres. Les différents courants du judaïsme interprètent cette loi avec plus ou moins de souplesse, mais il faut souligner que, contrairement à l'habitude talmudique de commenter, discuter et interpréter chaque mot du texte biblique, les passages du Lévitique condamnant l'homosexualité sont peu commentés par des écrits talmudiques ou post-talmudiques, comme s'ils étaient parfaitement clairs et sans ambiguïté pour tous les lecteurs. De cette condamnation découle, en conformité stricte avec la loi, l'abstention pour une personne homosexuelle : les couples homosexuels ne peuvent faire bénir leur union et encore moins se marier ; l'ordination d'un rabbin homosexuel de stricte observance n'est pas envisageable.

---

[45] J. Boswell, *Christia is e, tol ra e so iale et ho ose ualit . Les ho ose uels e Europe o ide tale, des d uts de l' hrétienne au XIVe siècle*, t ad. de l'a glais pa A. Ta het, Pa is, Galli a d,

D. Godard, *Deu hoes sur u heval. L'ho ose ualit as uline au Moyen Âge*, Béziers, H & O éd., 2003

CONCLUSION

Les représentations des homosexuels sont extrêmement irrégulières d'une région à l'autre et d'une culture à l'autre. Effectivement, à tel endroit, une grande tolérance peut être constatée, allant jusqu'à permettre l'animation de soirées de mariage par des hommes habillés en femmes et manifestement connus pour leur orientation. De pieux musulmans affirment que s'il y a des homosexuels, c'est que Dieu l'a permis. A *contrario*, dans d'autres pays, ces derniers contractent de lourdes peines de prison et toutes les mesures de vexation qui sont liées à la situation de détenu. Postérieurement, un musulman ou une musulmane qui s'égare de la voie de l'hétérosexualité est perçu(e) comme, non seulement éthiquement corrompu(e), mais aussi culturellement infecté(e). De cette perspective, une lesbienne musulmane est non seulement une personne moralement corrompue, mais aussi une infidèle vis-à-vis de sa propre religion et sa culture. Ainsi, l'ambiance dans laquelle les lesbiennes musulmanes affrontent et vivent leur sexualité, leur inscription à leur communauté culturelle et religieuse est délicate pour lutter contre le racisme et l'islamophobie. La condamnation est inévitable et intégralement incontestée de l'homosexualité dans la communauté musulmane. Le Coran n'accède à la question de l'homosexualité qu'à travers le rappel du sort réservé aux peuples de **Loth** de (Sodome) (XXVII-54 et VII-57 et à VII-80-82) qui ont désobéi aux prescriptions divines et ont été punis par Dieu. Les juristes musulmans qui affirment la règle répugnent au célibat, tout comme à l'homosexualité, car ils s'appuient sur le Coran et sur certains hadiths encore plus intransigeants en la matière. Il a fallu attendre les Epîtres de **Paul** (Ier siècle) pour avoir connaissance du regard chrétien sur la pratique, cette question n'étant à aucun moment consignée dans les Evangiles. L'homosexualité est vue comme un égarement païen et sa dénonciation est catégorique : *« Tu ne coucheras pas avec un homme comme on couche avec une femme ; ce serait une abomination. »* Dans la Bible hébraïque, c'est par cette prescription sans équivoque que le Lévitique (18, 22), composé au VIe siècle avant notre ère, dénonce les pratiques homosexuelles. Celles-ci sont désignées comme une *«* **toevah** *»*, un terme traduit par « éloignement ».

BIBLIOGRAPHIE

Heike Bauer, auteur du livre en 2017 : "*The Hirschfeld Archives : Violence, Death, and Modern Queer Culture*". [« Les archives de Hirschfeld : Violence, mort et culture queer moderne »]

Anna Freud, (1895 à Vienne - 1982 à Londres). Pionnière en psychanalyse de l'enfant, vécut ici de 1938 à 1982.

Élisabeth Roudinesco, « *Psychanalyse et homosexualité : réflexions sur le désir pervers, l'injure et la fonction paternelle* », Cliniques méditerranéennes 1/2002 (no 65), p. 7-34.

Sarah Chiche, « *Une histoire érotique de la psychanalyse* », « *De la nourrice de Freud aux amants d'aujourd'hui* », Paris, 2018, p.34.

Heike Bauer, auteur du livre en 2017 : "*The Hirschfeld Archives : Violence, Death, and Modern Queer Culture*". [« Les archives de Hirschfeld : Violence, mort et culture queer moderne »]

Anna Freud, (1895 à Vienne - 1982 à Londres). Pionnière en psychanalyse de l'enfant, vécut ici de 1938 à 1982.

Élisabeth Roudinesco, « *Psychanalyse et homosexualité : réflexions sur le désir pervers, l'injure et la fonction paternelle* », Cliniques méditerranéennes 1/2002 (no 65), p. 7-34.

LE FIGARO, Par Avec Reuters, Publié le 30/11/2012

Zimmerman, « Did Nazis persecute gays, or were they gay themselves? », *The Bakersfield Californian/History News Service*, 27 août 2011.

Boswell, *Christianisme, tolérance sociale et homosexualité. Les homosexuels en Europe occidentale, des débuts de l'ère chrétienne au XIVe siècle,* trad. de l'anglais par A. Tachet, Paris, Gallimard, 1985

Printed by Books on Demand GmbH, Norderstedt / Germany